FONT
FÉLIX

D0819186

FABLES CHOISIES
de
LA FONTAINE
I

« MAÎTRE CORBEAU »

Planche de sciences naturelles du XVIIIᵉ siècle.
Bibliothèque des Arts décoratifs.

LA FONTAINE

FABLES CHOISIES

I

Livres I à VI

avec une Notice biographique, une Notice historique et
littéraire, un Lexique, des Notes explicatives, des Documents,
des Jugements, un Questionnaire et des Sujets de devoirs,
par
CLAUDE DREYFUS
Agrégé des Lettres

LIBRAIRIE LAROUSSE · PARIS
17, rue du Montparnasse, et boulevard Raspail, 114
Succursale : 58, rue des Écoles (Sorbonne)

RÉSUMÉ CHRONOLOGIQUE
DE LA VIE DE LA FONTAINE
1621-1695

1621 — **Baptême à Château-Thierry,** le **8 juillet,** de Jean de La Fontaine, premier enfant de Charles de La Fontaine, maître des Eaux et Forêts et capitaine des chasses du duché de Château-Thierry, et de Françoise Pidoux, d'origine poitevine.

1621-1641 — Période mal connue : La Fontaine semble avoir fait ses études à Château-Thierry, puis à Paris, où il aurait été le condisciple de Furetière.

1641 — Il est admis à l'Oratoire, à Paris (27 avril).

1642 — Il quitte l'Oratoire; revient à Château-Thierry (octobre). Lectures nombreuses; premiers vers.

Vers 1646 — Il fait ses études de droit à Paris, où il fréquente un cercle de jeunes poètes palatins (Maucroix, qui sera l'ami de toute sa vie, Pellisson, Cassandre, Furetière, Charpentier, Tallemant des Réaux).

1647 — Contrat de mariage (10 novembre) entre Jean de La Fontaine et Marie Héricart, âgée de quatorze ans et demi, fille du lieutenant criminel de La Ferté-Milon.

1652 — La Fontaine achète une **charge de maître** particulier triennal **des Eaux et Forêts** du duché de Château-Thierry.

1653 — Naissance de Charles de La Fontaine, fils du poète : son père ne s'en occupera guère.

1654 — **Première publication** : l'*Eunuque,* comédie imitée de Térence.

1658 — A la mort de son père, La Fontaine hérite de ses deux charges (maître ancien et capitaine des chasses), qu'il cumule avec celle qu'il a achetée lui-même en 1652. — Difficultés financières qui poussent les époux à se séparer de biens. — **Recommandé à Fouquet,** surintendant général des Finances, La Fontaine lui offre *Adonis.*

1659 — Il obtient contre « pension poétique » une pension de Fouquet. — Il travaille dès lors au *Songe de Vaux* pendant trois ans, mais sans grand entrain, semble-t-il. *Épîtres, Madrigaux, Ballades.* A Vaux, La Fontaine retrouve son ami Maucroix, Pellisson, se lie avec Charles Perrault, Saint-Évremont, Madeleine de Scudéry. — Il partage la majeure partie de son temps entre Paris et Château-Thierry, où le rappelle sa charge.

1660 — Il se lie avec le jeune Racine qui débute à Paris.

1661 — Il assiste à la fête donnée à Vaux en l'honneur du roi (17 août). Après l'arrestation de Fouquet (5 septembre), il se trouve sans appui ni ressources.

1662 — Publication de l'*Élégie aux nymphes de Vaux* (anonyme), qui fait appel à la clémence de Louis XIV **en faveur de Fouquet,** La Fontaine plaide à nouveau la cause de son protecteur dans une *Ode au roi.*

***

1663 — **Il accompagne son oncle** Jannart, qui, étant substitut de Fouquet, a reçu l'ordre de s'exiler à **Limoges;** il envoie à sa femme des lettres mêlées de prose et de vers, *le Voyage en Limousin.*

1664 — Il entre au palais du Luxembourg comme **gentilhomme servant** attaché à la maison de **Madame, duchesse douairière d'Orléans** (juillet) : charge modeste, mais peu absorbante. Dès lors, La Fontaine fréquente probablement plusieurs salons, en particulier celui de l'hôtel de Nevers; chez la comtesse du Plessis-Guénégaud, sympathique à Port-Royal et attachée à Fouquet, il rencontre Mme de Sévigné et de La Fayette, ainsi que La Rochefoucauld. — *Nouvelles en vers tirées de Boccace et de l'Arioste* (décembre).

1665 — *Contes et nouvelles en vers* (première série, première partie). — Relations suivies avec Boileau.

1666 — *Contes et nouvelles en vers* (première série, II⁰ partie).

1668 — Publication des *Fables choisies mises en vers* (livres **I-VI**), dédiées au Dauphin : succès éclatant; trois éditions en un an. — *Nouveaux Contes* **(2⁰ série).**

1669 — *Les Amours de Psyché et de Cupidon*, récit mythologique mêlé de prose et de vers.

1671 — Les charges de La Fontaine lui sont entièrement rachetées par le duc de Bouillon, devenu seigneur de Château-Thierry. — *Contes et nouvelles en vers* **(3⁰ série).** *Fables nouvelles et autres poésies,* recueil contenant huit fables inédites et quatre élégies. Ces fables seront réparties dans les trois premiers livres du second recueil.

1672 — Mort de la duchesse douairière d'Orléans : La Fontaine est de nouveau sans ressources. Publication à part de deux fables nouvelles : *le Soleil et les Grenouilles* et *le Curé et le Mort.*

⁎

1673 — La Fontaine devient l'hôte de M⁰⁰ de La Sablière, qui reçoit une société brillante. Il retrouve ici quelques amis, dont Charles Perrault. Il se lie avec Bernier, grand voyageur et disciple du philosophe Gassendi; il rencontre le médecin Antoine Menjot, le mathématicien Roberval. — *Poème de la captivité de saint Malc.* — Mort de Molière : épitaphe par La Fontaine.

1674 — La Fontaine écrit un opéra, *Daphné,* pour Lully, mais se brouille avec lui. — *Nouveaux Contes,* interdits par la police.

1676 — La Fontaine vend sa maison natale de Château-Thierry, moyennant la somme de 11 000 livres. Par ce moyen, il s'acquitte de ses dettes, notamment à l'égard de sa femme.

1678-1679 — Second recueil des *Fables* **(livres VII-XI)** dédié à M⁰⁰ de Montespan.

1683 — La Fontaine est élu à l'Académie, au siège de Colbert (15 novembre). Louis XIV refuse son approbation jusqu'à l'élection de Boileau, son historiographe (avril 1684).

1684 — Reçu **à l'Académie,** La Fontaine lit son *Discours à Madame de La Sablière* (2 mai).

1685 — Furetière ayant été exclu de l'Académie, La Fontaine se montre acharné contre son vieux camarade. Publication des *Ouvrages de prose et de poésie des sieurs de Maucroix et de La Fontaine* (pièces diverses, cinq contes, onze fables, etc.). La Fontaine mène une vie peu édifiante, et fréquente les salons du prince de Conti et du duc de Vendôme, qui réunit dans son palais du Temple la société « libertine » de l'époque.

1687 — Querelle des Anciens et des Modernes : *Épître à Huet,* dans laquelle le poète, tout en plaidant pour les Anciens, refuse habilement de prendre parti dans la querelle (5 février).

1693 — **M⁰⁰ de La Sablière,** qui s'était retirée aux Incurables en 1685, **meurt** en janvier. Tombé « dangereusement malade » à la fin de 1692, La Fontaine se convertit et confesse publiquement ses fautes devant une délégation de l'Académie. Rétabli, **il se retire chez son ami d'Hervart,** conseiller au parlement de Paris, fils d'un puissant financier qui avait été contrôleur général des Finances sous Mazarin.

1694 — Publication du **dernier recueil des** *Fables* **(livre XII).**

1695 — La Fontaine **meurt à Paris** chez les d'Hervart (13 avril).

La Fontaine avait soixante-six ans de moins que Malherbe, vingt-trois ans de moins que Voiture, un an de plus que Molière, deux ans de plus que Pascal, cinq ans de plus que M⁰⁰ de Sévigné, quinze ans de plus que Boileau, dix-huit ans de plus que Racine.

LA FONTAINE ET SON TEMPS

	la vie et l'œuvre de La Fontaine	le mouvement intellectuel et artistique	les événements historiques
1621	Baptême de Jean de La Fontaine à Château-Thierry (8 juillet).		Guerre contre les protestants du Béarn. Mort du duc de Luynes.
1642	Quitte l'Oratoire, n'ayant pas la vocation. Premiers vers.	Œuvres de Théophile de Viau.	Prise de Perpignan. Mort de Richelieu (4 décembre). Mazarin lui succède.
1646	Études de droit à Paris.	Corneille : la Mort de Pompée. Du Ryer : Esther, Rembrandt : la Ronde de nuit. Mort de Galilée.	Prise de Dunkerque.
1652	Achète une charge de maître particulier triennal des Eaux et Forêts.	Cyrano de Bergerac : le Pédant joué. Saint-Amant : Poésies. Conversion de Pascal au jansénisme.	Derniers troubles de la Fronde. Second exil de Mazarin.
1654	Publie une pièce imitée de Térence : l'Eunuque.	Guez de Balzac : le Socrate chrétien. Scarron : Don Japhet d'Arménie.	
1658	A la mort de son père, La Fontaine hérite de ses deux charges. Il est présenté à Fouquet.	Mlle de Scudéry : Clélie. Scudéry : Alaric. Nuit d'extase de Pascal (23 novembre).	Victoire des Dunes sur les Espagnols. Mort de Cromwell.
1661	Élégie aux nymphes de Vaux.	Molière s'installe à Paris avec sa troupe.	Mort de Mazarin (8 mars). Arrestation de Fouquet (5 septembre).
1663	Le Voyage en Limousin.	Molière : Dom Garcie de Navarre; l'École des maris; les Fâcheux; Lully nommé surintendant de la Musique. Rembrandt : les Syndics des drapiers.	Invasion de l'Autriche par les Turcs.
1664	Gentilhomme servant de Madame, veuve de Gaston d'Orléans.	Corneille : Sophonisbe. Racine : Ode sur la convalescence du Roi.	Condamnation de Fouquet. Colbert surintendant des Bâtiments et Manufactures. Création de la Compagnie des Indes.
1665	Contes et nouvelles en vers (première partie).	Molière : le Mariage forcé. Interdiction du premier Tartuffe. Racine : la Thébaïde.	Peste de Londres. Colbert contrôleur général des Finances.
1668	Fables choisies mises en vers (livres I-VI).	Molière : Dom Juan; l'Amour médecin. Racine : Alexandre. La Rochefoucauld : Maximes. Mort du peintre N. Poussin.	Fin de la guerre de Dévolution; traités de Saint-Germain et d'Aix-la-Chapelle : annexion de la Flandre.
		Molière : Amphitryon; George Dandin; l'Avare. Racine : les Plaideurs. Cl. Perrault : colonnade du Louvre.	

1669	Les Amours de Psyché et de Cupidon, roman mêlé de prose et de vers.	Racine : Britannicus, Th. Corneille : la Mort d'Annibal. Bossuet : Oraison funèbre d'Henriette de France.	Colbert nommé secrétaire d'État à la Marine et à la Maison du roi.
1672	Mort de Madame.	Molière : les Femmes savantes. Racine : Bajazet. P. Corneille : Pulchérie. Premier télescope.	Guerre de Hollande. Passage du Rhin (12 juin).
1673	La Fontaine s'établit chez Mᵐᵉ de La Sablière.	Mort de Molière (17 février). Racine : Mithridate. Premier grand opéra de Lully : Cadmus et Hermione.	Conquête de la Hollande. Prise de Maestricht (29 juin).
1674	Nouveaux Contes.	Corneille : Suréna. Racine : Iphigénie. Boileau : l'Art poétique; le Lutrin.	Conquête de la Franche-Comté. Victoire de Condé à Seneffe. Campagne de Turenne en Alsace.
1678 1679	Fables (livres VII-XI).	Mᵐᵉ de La Fayette : la Princesse de Clèves.	Traités de Nimègue : l'Espagne cède la Franche-Comté.
1683	Élection à l'Académie française (15 novembre).	Bossuet : Oraison funèbre de la reine Marie-Thérèse. Bayle : Pensées sur la comète. Fontenelle : Dialogue des morts.	Mort de la reine Marie-Thérèse et de Colbert. Les Turcs devant Vienne.
1684	Réception à l'Académie (2 mai) : Discours à Madame de La Sablière.	Bourdaloue : Oraison funèbre de Henri de Bourbon. La Bruyère nommé précepteur du petit-fils du Grand Condé.	
1687	Épître à Huet.	Querelle des Anciens et des Modernes. Bossuet : Oraison funèbre du prince de Condé. Fontenelle : Histoire des oracles. Newton : Principes mathématiques de la philosophie naturelle.	La ligue d'Augsbourg entend résister à Louis XIV.
1693	Mort de Mᵐᵉ de La Sablière. Conversion de La Fontaine, qui se retire chez son ami d'Hervart.	Boileau : Ode sur la prise de Namur.	Victoire de Neerwinden.
1694	Fables (livre XII).	La Bruyère : 8ᵉ édition des Caractères. Boileau : Réflexions sur Longin. Naissance de Voltaire.	Aggravation de la situation économique en France.
1695	Mort de La Fontaine (13 avril).	Bayle : Dictionnaire historique et critique. Fénelon archevêque de Cambrai.	La guerre de la ligue d'Augsbourg continue.

BIBLIOGRAPHIE SOMMAIRE

OUVRAGES GÉNÉRAUX SUR LA FONTAINE :

Hippolyte Taine	*La Fontaine et ses fables* (Paris, Hachette, 1860).
Ferdinand Gohin	*La Fontaine; études et recherches* (Paris, Garnier, 1937).
Jean Giraudoux	*les Cinq Tentations de La Fontaine* (Paris, Grasset, 1938).
Pierre Clarac	*La Fontaine, l'homme et l'œuvre* (Paris, Boivin-Hatier, 1947 et 1959). *La Fontaine par lui-même* (Paris, Éd. du Seuil, 1961).
Antoine Adam	*Histoire de la littérature française au XVIIᵉ siècle* (tomes II, IV et V) [Paris, Del Duca, 1951-1954 et 1956].
Georges Couton	*la Poétique de La Fontaine* (Paris, P. U. F., 1957). *la Politique de La Fontaine* (Paris, Les Belles Lettres, 1959).

SUR LE PREMIER RECUEIL :

Pierre Moreau	*Thèmes et variations dans le premier recueil des « Fables » de La Fontaine* (Paris, C. D. U., 1960).
Simone Blavier	*La Fontaine. Vues sur l'art du moraliste dans les fables de 1668* (Bibliothèque de l'Université de Liège, Paris, Les Belles Lettres, 1961).

SUR LA LANGUE DE LA FONTAINE :

Jean Dubois et René Lagane	*Dictionnaire de la langue française classique* (Paris, Belin, 1960).

DISQUES :

Fables choisies de La Fontaine	Encyclopédie sonore (Hachette, 3 disques 30 cm, 33 tours).
Les Plus Belles Fables de La Fontaine	la « Pléiade » (4 disques 25 cm, 33 tours; les trois premiers concernent le premier recueil des *Fables*).

FABLES
LIVRES I-VI
1668

NOTICE

CE QUI SE PASSAIT VERS 1668

■ **EN POLITIQUE. En France** : *Louis XIV (1638-1715) gouverne en personne depuis 1661. Son fils, le Grand Dauphin, est né en 1661. Colbert (1619-1683), contrôleur général des Finances depuis 1661, devient secrétaire d'État en 1669. Louvois (1639-1691), secrétaire d'État à la Guerre depuis 1666. Hugues de Lionne (1611-1671), secrétaire d'État depuis 1663.*

Guerre de Dévolution (1667-1668) : Turenne conquiert la Flandre, et Condé la Franche-Comté, possessions espagnoles. En mai 1668, la paix d'Aix-la-Chapelle assure à la France onze places des Pays-Bas, dont Douai et Lille. La Feuillade conduit à Candie une expédition française pour essayer de délivrer cette ville assiégée par les Turcs.

À l'étranger : *en Angleterre, Charles II (1630-1685) règne depuis 1660. Il accepte une pension de Louis XIV. En Autriche, Léopold Ier (1640-1705), empereur depuis 1658, combat les Turcs et les magnats hongrois.*

■ **EN LITTÉRATURE** : *Corneille donne Attila en 1667. La Roche-foucauld a publié ses Maximes en 1665. Molière joue Amphitryon, l'Avare, George Dandin. Boileau a écrit ses neuf premières Satires : répliques de Cotin, de Boursault, de Chapelain, etc. Racine fait jouer les Plaideurs. Bossuet, qui a prononcé, en 1667, l'Oraison funèbre d'Anne d'Autriche, va prononcer, en 1669, celle d'Henriette de France.*

■ **DANS LES SCIENCES ET LA PHILOSOPHIE** : *Malebranche, en France, et Spinoza, en Hollande, continuent l'œuvre de Descartes. Locke, en Angleterre, attaque la philosophie cartésienne. Huygens, astronome hollandais, est attiré à Paris par Louis XIV.*

■ **DANS LES BEAUX-ARTS** : *Claude Perrault fait bâtir la colonnade du Louvre. Le Vau travaille au collège des Quatre-Nations (actuel palais de l'Institut) et fournit à Louis XIV les premiers plans du château de Versailles. Le Nôtre entreprend les jardins de Versailles. Puget quitte*

Gênes pour la France. Philippe de Champaigne peint son propre portrait (au Louvre). Le Brun est nommé directeur perpétuel de l'Académie de peinture et achève de peindre l'Histoire d'Alexandre. Lully fait jouer des ballets et une symphonie dans la fête de nuit du 18 juillet, où le roi fait représenter George Dandin.

PUBLICATION DU PREMIER RECUEIL DES FABLES

« Voici, écrivait La Fontaine dans la deuxième partie des *Contes et Nouvelles,* parue en 1666, les derniers ouvrages de cette nature qui partiront des mains de l'auteur. » La Fontaine n'annonçait-il pas ainsi au public qu'il préparait des œuvres d'un genre nouveau ? En effet, au printemps de 1668 (achevé d'imprimer du 31 mars) paraissait à Paris, avec privilège du roi, partie chez Claude Barbin, libraire au Palais sur le perron de la Sainte-Chapelle, partie chez Denis Thierry, libraire rue Saint-Jacques, à l'enseigne de la Ville de Paris, un ouvrage intitulé *Fables choisies mises en vers par M. de La Fontaine,* en un volume in-quarto illustré d'une gravure pour chaque fable par François Chauveau, vignettiste à la mode. Le volume contenait cent vingt-quatre fables groupées en deux « parties » de trois « livres » chacune, qui constituent les six premiers livres des éditions modernes.

Boileau avait-il, comme il le prétendit plus tard, convaincu le libraire de publier les *Fables*? C'est chose peu probable, pas plus d'ailleurs que la tradition selon laquelle le succès aurait valu à La Fontaine le grand honneur d'être présenté au roi et l'avantage appréciable d'une bourse de mille pistoles. Toujours est-il que, la même année, paraissaient deux réimpressions de l'ouvrage, suivies de trois éditions nouvelles en 1669. Le succès de librairie était la marque d'un succès littéraire éclatant.

GENÈSE DES FABLES

Voilà donc La Fontaine sacré poète et grand poète. Mais qui est-il ? Est-ce un nouveau venu sur la scène des lettres, un débutant qui s'assure le succès dès la première publication? Non, La Fontaine n'est plus un jeune homme. Il a quarante-sept ans; c'est un homme mûr et mûri par l'expérience. Sur quelles données peut-on s'appuyer pour connaître l'auteur du premier recueil des *Fables,* qui, plus que tout autre, est entouré d'une légende que son caractère et sa vie se sont ingéniés, semble-t-il, à entretenir?

Sur son enfance et sa première jeunesse, les renseignements n'abondent pas. Où a-t-il étudié? La réponse ne peut être nette. Qu'apprit-il? Le latin sans doute et fort peu de grec. Qu'a-t-il gardé de ses études, sinon le souvenir de pédants magisters ? Il s'est cru, ensuite, la vocation ecclésiastique, mais, à l'Oratoire, il commence à rimer, et *l'Astrée* a pour lui plus de charmes que la dévotion. De retour à Château-Thierry, il aurait été pris de « transports mécaniques de joie, d'admiration et d'étonnement » en entendant déclamer l'ode de Malherbe : « Que direz-vous, races futures ? » C'est de cette période que datent probablement les lectures qui l'ont marqué :

J'en lis qui sont du Nord et qui sont du Midi.
(*Épître à Huet,* vers 80).

Il goûte particulièrement les Anciens : Platon, Térence, qu'il imitera dans *l'Eunuque,* Ovide, Virgile et surtout Horace. Rabelais, Marot, Voiture sont ses véritables maîtres, avec Montaigne, dont il ne parle guère. C'est un grand lecteur de romans, et il aura toute sa vie une prédilection pour *l'Astrée.*

Entre-temps, il se marie, ou plutôt on le marie ; mais il n'est pas fait pour le mariage, qui ne le stabilisera pas. C'est l'époque où il fréquente les « Chevaliers de la table ronde », académie de jeunes poètes pour qui Malherbe est inimitable. Il partage son temps entre les cercles littéraires parisiens et Château-Thierry, où l'appelle sa charge de maître des Eaux et Forêts achetée en 1652. A la mort de son père, des difficultés financières l'engagent à accepter la protection de Fouquet. Que peut-il donner en échange, sinon des pièces conventionnelles, un peu précieuses, inspirées par les circonstances et le désir de flatter le mécène ? Cependant, on devine déjà l'aisance d'un poète qui ne pouvait se laisser enfermer ni dans l'esclavage ni dans la convention et dont l'indépendance en tous les domaines était un besoin vital.

Au reste, c'est grâce à Fouquet qu'il sort de son obscurité provinciale, entre en contact avec la plus brillante société du temps et le monde littéraire. Il rencontre sans doute Mme de Sévigné, Mme de La Fayette, La Rochefoucauld. Le génie de Molière, venu à Vaux jouer *les Fâcheux,* l'enthousiasme, et c'est à son propos qu'il s'écrie : « C'est mon homme ! » Ainsi la poésie galante ne saurait lui suffire, et, tout en s'essayant à des genres divers, il songe peut-être déjà à une œuvre plus profonde, plus fidèle à la nature et à la vie, plus conforme à son tempérament et à ses goûts véritables.

Tel est l'homme qui, après avoir exercé son talent, dans les *Contes,* à « conter pour conter », avec le plaisir du lecteur pour seul souci, découvre un genre qui lui permet d'exprimer mieux son génie multiple et publie le premier recueil des *Fables.*

De quand datent les premières fables ? Problème bien difficile à résoudre. S'il est vrai que *le Meunier, son Fils et l'Ane* (livre III, fable I) ait été écrit pour Maucroix au moment où ce dernier, comme La Fontaine d'ailleurs, hésitait devant le choix d'une carrière, c'est-à-dire avant 1647, peut-on en conclure que La Fontaine ait, dès cette époque, commencé à écrire des fables ? Neuf fables, insérées, après remaniement, dans le premier recueil, ont sans doute été composées avant 1663. S'agirait-il des fables qui, selon la Préface de 1668, ont rencontré l'indulgence de ceux au jugement desquels le poète les a soumises ? De toute manière, les apologues en vers libres introduits dans *le Songe de Vaux* et dans *le Voyage en Limousin* indiquent bien, semble-t-il, que La Fontaine songeait déjà aux fables ou, du moins, s'intéressait à ce genre.

Comment l'idée d'écrire des fables est-elle venue à La Fontaine ? Boissat, dans ses *Fables d'Ésope phrygien traduites et moralisées* (1633), puis, en 1659, Patru, qui aurait désapprouvé plus tard le dessein de La Fontaine, dans ses *Lettres à Olinde,* avaient montré, en les rappelant brièvement ou en les traduisant sèchement en prose, que les fables d'Ésope n'avaient d'intérêt à leurs yeux que par les abondants commentaires moraux qu'elles leur inspiraient. Car Ésope est à la mode vers 1660, et c'est de la tradition ésopique que se réclame La Fontaine tout au long de sa Préface ; ce sont les fables d'Ésope qui serviront de modèle à un grand nombre de pièces du premier recueil.

LES SOURCES

D'Ésope lui-même, nous ne savons rien de sûr. D'après Hérodote, il y eut, au VIᵉ siècle, en Grèce, un fabuliste nommé Ésope. Mais a-t-il seulement existé ? N'est-il pas un mythe semblable à celui d'Homère, un personnage dont les Grecs, profitant des silences de l'Histoire, ont fait un sage, aux reparties brillantes, un émule du rusé Ulysse, le héros d'une foule d'aventures qui vont jusqu'au miracle de deux résurrections successives ? Mais Ésope, à supposer même qu'il ait existé, n'a probablement rien écrit, et les fables dites ésopiques sont l'œuvre collective des Grecs, qui ont inventé ces petits contes amusants et vivants, ces récits, à chacun desquels ils ont attaché une morale qu'ils jugeaient indispensable.

Pour revenir à La Fontaine, il ne doutait pas plus que ses contemporains de l'existence d'Ésope, et c'est en toute confiance qu'il a transcrit, en tête de ses *Fables choisies,* la *Vie d'Ésope* par Planude, moine byzantin du XIVᵉ siècle, qui avait notamment compilé et édité les fables d'Ésope.

La fable d'Ésope s'en tient à la prose, à la prose parlée. Babrius, que La Fontaine appelle Gabrias, avait écrit sur le mode ésopique des fables en vers. Mais son œuvre s'étant égarée, on n'en possédait qu'un abrégé du IXᵉ siècle, où elles apparaissaient sous forme de quatrains d' « une élégance laconique » (voir La Fontaine, *Fables,* livre VI, fable I, 15).

Dans ce genre comme en d'autres, « la Grèce conquise a conquis son farouche vainqueur », et le Latin Phèdre met en vers sénaires les fables d'Ésope : c'est au poète latin, dont il vante l'élégance et l'extrême brièveté, comme des qualités au-dessus de sa portée, que La Fontaine doit le plus après Ésope.

Au IIᵉ siècle (?), Aviénus et Aphthonius donnent des fables ésopiques. Un humaniste, Abstémius, publie à Venise, à la fin du XVᵉ siècle, deux cents fables en prose latine, imitées d'Ésope. Tous ces auteurs figurent dans un recueil de fables ésopiques en grec et en latin — *Mythologia Aesopica* — d'Isaac Nicolas Nevelet, paru à Francfort en 1610 et réédité en 1660. Il n'est pas impossible que La Fontaine y ait trouvé ses modèles, mais les éditions ou les traductions d'Ésope sont si nombreuses qu'il n'a eu que l'embarras du choix.

Il faut citer en outre deux fabulistes italiens : Faërne, dont les cent fables, généralement imitées d'Ésope, eurent un très grand succès, et Verdizotti, auteur lui aussi de cent fables. Certaines fables de La Fontaine semblent prouver qu'il les a connus, comme il a pu lire Corrozet, Guéroult et surtout Haudent, compilateurs français du XVIe siècle; mais leur langue a tant vieilli qu'il les considère comme des étrangers. C'est cet ensemble ésopique qui est donc la grande source de La Fontaine, qui ignore les fables du Moyen Age, les ysopets et le *Roman de Renart,* excepté peut-être des fragments qu'il aurait connus par tradition orale.

Il faut bien dresser le tableau des sources de La Fontaine, dire quelles sont les dettes que notre poète a contractées envers ses devanciers; mais, d'emblée, le fabuliste français, dès le premier recueil, dès les premières fables qui se réclament pourtant de la brièveté des Anciens et des grâces lacédémoniennes, prend de telles libertés avec ses modèles qu'il ne leur doit finalement guère. Et sa source essentielle réside dans son génie créateur, dans le génie du premier fabuliste qui soit véritablement un poète.

LE MORALISTE

Modestement, La Fontaine intitulait l'œuvre : *Fables choisies mises en vers;* modestement, dans sa Préface, se comparant à ses devanciers, il avouait son infériorité sur certains points que, disait-il, il compensait en « égayant » l'ouvrage. Mais, bientôt, il prononce lui-même cette formule déjà visionnaire :

> Une ample comédie à cent actes divers
> Et dont la scène est l'univers.
> (*Le Bucheron et Mercure*, livre V, fable I, vers 27-28.)

Oui, c'est bien au niveau de l'univers qu'il faut placer le recueil. S'il est vrai que la poésie est avant tout art de suggérer, de ne pas dire tout ce qu'on pourrait dire et de dire plus qu'on ne paraît dire, qui, mieux que La Fontaine, a su tous les secrets d'une poésie totale? Formule étrange à première vue, que celle qui prétend faire entrer dans le cadre restreint de la fable l'univers tout entier. Et pourtant ne se vérifie-t-elle pas?

La Fontaine a peint les hommes avec autant de diversité que ses contemporains, et les fables nées des « mensonges d'Ésope », bien ancrées dans la réalité, peignent des « caractères » aussi nuancés, aussi vrais que ceux de La Bruyère. Le mérite personnel n'est pas la moindre qualité — ou le moindre défaut — que possèdent ou croient posséder la fourmi, le corbeau, le chien et, si nous quittons les animaux, le maître d'école et le seigneur.

C'est tout un album de la vanité et de la sottise humaines dont le « bon garçon » prend son parti, toute une fresque où l'on devine si souvent la réalité contemporaine, où l'intérêt, comme dans les *Maximes* de La Rochefoucauld, est la grande loi des hommes, qui ne reculent devant aucun moyen pour en arriver à leurs fins : cruauté, ruse, hypocrisie. Les dieux eux-mêmes ne sauraient faire exception, et le pari de ces dieux désinvoltes que sont Phébus et Borée (livre VI, fable III) ne conduit pas à un jeu innocent. Qu'ils soient parés de plumes — fût-ce celles du paon (livre IV, fable IX) —, qu'ils soient oiseaux ou souris, qu'ils soient loups ou bergers (livre III, fable III), c'est toujours aux pauvres hommes que revient le poète avec une indulgence que certain petit babouin aurait sans doute aimé trouver chez le maître d'école (livre I, fable XIX).

On est bien loin du cynique que dénonce une indignation vertueuse. A vrai dire, n'aurait-il pas l'excuse, puisqu'il imite Ésope, de reprendre la morale antique et banale de son modèle ? Morale vieille comme le monde ou plutôt recettes de vie qui ne prétendent en rien former des saints ou des héros, encore que, « par les raisonnements et les conséquences que l'on peut tirer de ces fables, on se forme le jugement et les mœurs, on se rende capable des grandes choses » (Préface, lignes 130-132). « Toute ma petite prudence... », disait Montaigne. Toute la petite prudence de La Fontaine, c'est plutôt celle de ces pauvres gens, comme le bûcheron de la fable, qui plient sous le faix des misères et pour qui la méfiance est peut-être le dernier moyen de salut :

> Deux sûretés valent mieux qu'une
> Et le trop en cela ne fut jamais perdu.
>
> (*Le Loup, la Chèvre et le Chevreau*, livre IV, fable XV, vers 28-29.)

Clairvoyance et lucidité peut-être ataviques, mais que le protégé de Fouquet a sans doute, au temps de Vaux, aiguisées au contact des puissants, que le maître des Eaux et Forêts a peut-être exercées au cours de ses tournées dans la forêt ou dans les campagnes, en trouvant sur sa route le bûcheron, le berger ou le meunier de ses fables. Pourquoi, d'ailleurs, ne pas l'imaginer engageant la conversation avec eux ? Car La Fontaine possède au plus haut point le don de sympathie, sympathie pour tout ce qui vit, qui se confond chez lui avec l'art de créer la vie.

L'ARTISTE

La Fontaine crée non de rien, mais d'un rien. Point, chez lui, de longues descriptions : les lois du genre s'y opposeraient. Mais l'indétermination des animaux ésopiques a fait place à une évocation rapide, où la justesse du trait frappe autant que sa vigueur et la brièveté de son expression. Un détail suffit à nous faire voir, à nous faire entendre, à nous faire toucher, à nous faire sentir. Et souvent l'art de La Fontaine réussit à nous faire éprouver des sensations indéfinissables, des impressions légères et fugitives que seul un poète a pu noter. Comment, dans ces deux vers

> Le moindre vent qui d'aventure
> Fait rider la face de l'eau...
>
> (*Le Chêne et le Roseau,* livre I, fable XXII, vers 4-5.)

ne pas sentir la caresse? Comment, à entendre évoquer

> ... la saison
> Que les tièdes zéphyrs ont l'herbe rajeunie
>
> (*Le Cheval et le Loup,* livre V, fable VIII, vers 1-2.)

ne vivrait-on pas la réalité du printemps dans sa plénitude?

Le poète atteint là à la poésie pure, d'une manière à la fois naturelle et inattendue, débordant du même coup du cadre de sa fable. Échappées poétiques qui dépassent le réel et s'appuient sur lui pour atteindre parfois la vision où s'exprime avec force et tendresse l'amour universel :

> C'est-à-dire environ le temps
> Que tout aime et que tout pullule dans le monde,
> Monstres marins au fond de l'onde,
> Tigres dans les forêts, alouettes aux champs.
>
> (*L'Alouette et ses petits avec le Maître d'un champ,* livre IV, fable XXII, vers 6-9.)

La Fontaine, dans ce premier recueil, n'en est pas encore à la confidence lyrique ; néanmoins, il est impossible de ne pas sentir dans chaque fable, dans chaque vers, et presque à chaque mot, sa présence vivante. Parfois, mais d'une manière encore rare, une réflexion directe du poète, le plus souvent sa présence discrète et feutrée se devinent à un changement de registre. La Fontaine utilise à merveille tous les tons, passant avec malice et irrévérence du bas et du trivial au noble et au divin. Parfois même, sa présence est plus subtile encore : elle tient au rythme, à une intonation, car les fables sont faites non pour être lues des yeux, mais pour être entendues, et, par conséquent, il leur faut un diseur, un récitant. Qui, mieux que La Fontaine, remplirait cet office? Car notre poète est un mime. Il nous faut saisir sur ses lèvres un sourire ironique, dans son regard le clin d'œil satisfait d'un malicieux qui nous jette aux oreilles :

> Et le gouvernement de la chose publique
> Aquatique.
>
> (*La Grenouille et le Rat,* livre IV, fable XI, vers 18-19.)

Il nous faut voir dans ses yeux l'émerveillement que provoque le sûr instinct de l'alouette :

> Elle bâtit un nid, pond, couve et fait éclore.

LE METTEUR EN SCÈNE

Mais, ici comme ailleurs, La Fontaine ne peut s'en tenir à une manière unique. Tel Protée, la forme des fables ne cesse de changer.

Récits, nous l'avons vu, les fables sont aussi comédies. Le récitant parfois s'efface ou feint de s'effacer pour céder la place à ses per-

sonnages. La fable, parfois, n'est plus, à la limite, que dialogue
vivant et incisif où les interlocuteurs se renvoient la balle avec
l'adresse des personnages de Molière. Tantôt ce dialogue épouse la
forme d'une conversation saisie sur le vif, comme celle du jardinier et du seigneur, tantôt il est un élément même de l'action, et
son allure rapide, forcée à coups d'ellipses, lui confère, comme
dans *le Loup et le Chien* (livre I, fable V), une intensité dramatique
haletante qui prépare le dénouement.

Souvent, d'ailleurs, La Fontaine use d'une manière incomparable
de ce style indirect, qui n'est plus tout à fait récit, mais qui n'est
pas encore tout à fait dialogue. Pensez au *Conseil tenu par les Rats*
(livre II, fable II). Nous y assistons dans un premier temps aux côtés
de La Fontaine, séparés de l'auguste assemblée par un écran de
verre, sans pouvoir distinguer nettement le discours du doyen, que
le poète commente heureusement pour nous ; l'écran se brise ensuite,
et les sons deviennent clairs au moment où les rats chanoines jus-
tifient leur refus.

C'est ce même procédé qu'utilise La Fontaine dans *l'Ours et les
Deux Compagnons* (livre V, fable XX). Tous les arguments avancés
par les compagnons sont présentés dans un style indirect qui leur
donne plus de relief et permet au poète d'introduire avec beaucoup
plus de facilité et de naturel que dans un dialogue les réflexions
ironiques que lui suggère ce marché absurde et pourtant plein de
logique, d'une logique spécieuse.

De la comédie, la fable tient encore son allure. Les enfants le
savent bien, à qui leur maître demande de découvrir, non le plan
de la fable, comme on pourrait le faire d'un discours, mais les
actes, les scènes ou les tableaux dont est tissue l'action.

Quelques vers pour présenter les personnages, c'est l'exposition.
Elle paraît parfois réduite à une simple mise en présence des personnages :

> Borée et le Soleil virent un voyageur.
>
> *(Phébus et Borée, livre VI, fable III, vers 1.)*
>
> Autrefois le Rat de ville
> Invita le Rat des champs.
>
> *(Le Rat de ville et le Rat des champs, livre I, fable IX, vers 1-2.)*

Mais, le plus souvent, un détail d'apparence anodine, un trait physique caractéristique dessinent le personnage, lui donnent un caractère, en un mot préparent, à la manière des classiques, en
l'expliquant, l'action qui va se jouer.

D'autres fois, le poète s'attarde davantage. On dirait qu'il trouve
un plaisir personnel à contempler l'acteur avant de le lâcher dans
le drame, comme ce Rat

> ... plein d'embonpoint, gras et des mieux nourris,
> Et qui ne connaissait l'Avent ni le Carême.
>
> *(La Grenouille et le Rat, livre IV, fable XI, vers 6-7.)*

Qui dit comédie dit aussi décor ; point de surcharge ici non plus ; le
strict nécessaire, juste assez pour qu'on puisse situer et comprendre,

juste assez pour faire appel à l'imagination du lecteur et créer un élément poétique.

Sur ces données, l'action se noue. Quelques péripéties aboutissent au dénouement. C'est là le schéma de la plupart des fables. Mais rien n'est laissé au hasard. S'il y a surprise, elle n'est qu'apparente; point de vrai coup de théâtre. Tout découle logiquement du jeu des caractères : on éprouve d'ailleurs quelque gêne à prononcer le mot, car rien n'est plus concret, rien ne fuit davantage l'analyse psychologique pure et ses abstractions. Là encore, c'est au niveau du réel, au niveau du vécu que s'exerce le talent d'un psychologue qui se cache, mais qui connaît parfaitement les nuances et les mouvements de l'âme animale (La Fontaine ne désavouerait sans doute pas l'expression) et de l'âme humaine, mêlant sans les confondre la part de la bête et la part de l'homme. Qu'on pense à ce loup qui se trouve brusquement en face d'un chien splendide :

> L'attaquer, le mettre en quartiers,
> Sire Loup l'eût fait volontiers.
>
> (*Le Loup et le Chien*, livre I, fable V, vers 5-6.)

Le premier mouvement, c'est l'instinct brutal et sauvage de la bête carnassière.

> Mais il fallait livrer bataille;
> Et le mâtin était de taille
> A se défendre hardiment.
> Le Loup donc l'aborde humblement
>
> (*Id.*, vers 7-10.)

C'est ce *donc* qui exprime avec force toute la valeur humaine du passage. L'instinct a fait place à l'intelligence et au raisonnement. N'en déplaise à l'ami des bêtes, ce loup qui tient du renard ressemble à l'homme comme un frère.

LE POÈTE

Tout parle donc, chez La Fontaine : hommes, bêtes, plantes et l'auteur lui-même. Sur ce plan-là aussi, richesse et naturel. Les personnages, comme ceux de Balzac, parlent d'abord la langue qui est la leur et qui, par conséquent, convient le mieux à leur caractère et surtout à leur rang social; écoutons parler la cigale :

> Je vous paierai, lui dit-elle,
> Avant l'oût, foi d'animal [...]
> (*La Cigale et la Fourmi*, livre I, fable I, vers 12-13.)

et le lion s'écrie :

> Va-t'en, chétif insecte, excrément de la terre!
> (*Le Lion et le Moucheron*, livre II, fable IX, vers 1.)

C'est ce qui explique, pour une part, la richesse verbale des *Fables*. La Fontaine, comme Rabelais, comme Montaigne, auxquels il doit sans doute beaucoup, n'hésite pas à emprunter largement, dans le vieux fonds français, aux dialectes, aux provincialismes, aux termes techniques des métiers, de la procédure et de la chasse. Désir de variété, sans doute, mais volonté constante de donner un poids aux mots et de rendre ainsi aux choses une réalité que l'habitude leur enlève. « Pièges » et « filets » ne sauraient suffire : *reginglettes* et *réseaux* (*l'Hirondelle et les Petits Oiseaux*, livre I, fable VIII, vers 41), signifient mieux et davantage. La Fontaine en est d'ailleurs pleinement conscient, lui qui affirme dans *la Grenouille et le Rat* (livre IV, fable XI, vers 3-4), à propos du mot *engeigne* :

> J'ai regret que ce mot soit trop vieux aujourd'hui;
> Il m'a toujours semblé d'une énergie extrême.

Mais n'allons pas croire qu'avec son tempérament, le « Bonhomme » puisse s'en tenir à l'archaïsme. Variété et gaieté exigent que, dans le même temps, il fasse appel à la langue noble, voire précieuse. C'était la seule qu'il pût utiliser, avec quelle modération d'ailleurs, dans *la Jeune Veuve* (livre VI, fable XXI). Mais parfois, comme dans *la Vieille et les Deux Servantes* (livre V, fable VI), deux langues et deux tons interfèrent sans cesse dans une intention burlesque :

> Il était une Vieille ayant deux chambrières.
> Elles filaient si bien que les sœurs filandières
> Ne faisaient que brouiller au prix de celles-ci.

ou

> Dès que l'Aurore, dis-je, en son char remontait,
> Un misérable Coq à point nommé chantait.

« Fables choisies mises en vers », dit modestement le titre, comme si La Fontaine s'était contenté de versifier. Sur ce plan-là, comme sur tous les autres, La Fontaine excelle et révèle toutes les qualités formelles d'un grand poète. Le mètre, il fallait s'y attendre, est d'une extrême variété. Il est rare qu'une fable soit écrite tout entière sur un rythme uniforme : *le Meunier, son Fils et l'Ane* (livre III, fable I) est tout en alexandrins, *le Rat de ville et le Rat des champs* (livre I, fable IX), *le Satyre et le Passant* (livre V, fable VII) sont des heptasyllabes alertes, boiteux ou barbares. Mais ne nous y trompons pas : le vers n'est souvent qu'un moule pour la vue, et le mètre n'existe bien souvent que lié au suivant : il n'y a plus alors d'alexandrins ou d'heptasyllabes, mais des éléments auxquels La Fontaine, à son gré et à sa fantaisie, donne plus ou moins de longueur, car son art poétique repose essentiellement sur le vers libre, où domine surtout le mélange d'alexandrins et d'octosyllabes, et sur les libertés qu'il lui donne. Le vers se modèle alors sur les intentions profondes du poète, épouse le mouvement du récit ou plutôt des actes, de la pensée, détache un mot, permet la parenthèse, révèle le coup d'œil complice et silencieux du fabuliste.

Aux subtilités du vers et du rythme s'allie la recherche perpétuelle de l'effet sonore; nous entendons, comme si nous y étions, le fracas de la tempête déchaînée par Borée :

> Siffle, souffle, tempête et brise en son passage
> Maint toit qui n'en peut mais, fait périr maint bateau.
> (*Phébus et Borée*, livre VI, fable III, vers 25-26.)

Ne croirait-on pas entendre, en même temps qu'on la voit, la démarche claudicante du pot de terre et du pot de fer?

> Mes gens s'en vont à trois pieds,
> Clopin-clopant, comme ils peuvent,
> L'un contre l'autre jetés
> Au moindre hoquet qu'ils treuvent.
> (*Le Pot de terre et le Pot de fer*, livre V, fable II, vers 22-25.)

Pourtant, l'harmonie est essentielle à La Fontaine, et c'est à elle que nous devons ces vers ailés qu'il faut dire à mi-voix de peur d'en briser le charme quasi racinien :

> Et comme un jour les vents retenant leur haleine
> Laissaient paisiblement aborder les vaisseaux
> (*Le Berger et la Mer*, livre IV, fable II, vers 16-17.)

ou encore :

> Mais vous naissez le plus souvent
> Sur les humides bords des royaumes du vent.
> (*Le Chêne et le Roseau*, livre I, fable XXII, vers 15-16.)

N'est-ce pas encore l'harmonie qu'implique cette formule dont l'imprécision fait la richesse : « Je n'appelle pas gaieté ce qui excite le rire, mais un certain charme, un air agréable qu'on peut donner à toutes sortes de sujets, même les plus sérieux (Préface, lignes 78-81). »

ORIGINALITÉ DU PREMIER RECUEIL

Légèreté et profondeur se marient sans cesse dans les fables de La Fontaine. Sachons goûter le premier recueil et sa subtilité. Il exclut absolument la passivité du lecteur et ne saurait donner que ce que l'on veut y trouver. Malgré les enrichissements qu'apportera le poète au second recueil, dont les thèmes et les méditations le hissent davantage au niveau de ceux qu'on appelle les grands poètes lyriques, il n'en faut pas moins admirer les six premiers livres. Leur mérite n'est pas de servir de tremplin à des fables qu'on peut considérer comme plus profondes; leur richesse paradoxale tient probablement dans le fait qu'elles disent peu et beaucoup à la fois. Rien de tendu, point de sagesse orgueilleuse, point de grands problèmes, du moins en apparence. La Fontaine répugne au didactisme. Il a créé dans le premier recueil une forme particulière de poésie qui n'appartient qu'à lui.

Il est satisfaisant de penser que, d'une des plus belles fables du recueil, *le Jardinier et son Seigneur* (livre IV, fable IV), nous ne connaissons pas la source. Pourquoi ne pas imaginer qu'elle n'en a pas? Pourquoi ne pas rêver que tout, dans toutes les fables, lui appartient en propre?

> Peu de gens que le ciel chérit et gratifie
> Ont le don d'agréer infus avec la vie,
> (*L'Ane et le Petit Chien*, livre IV, fable V, vers 5-6.)

écrivait-il.

Il était de ceux-là.

LEXIQUE DE LA LANGUE DE LA FONTAINE

Nous avons réuni dans ce lexique d'une part un certain nombre d'archaïsmes et de termes créés par La Fontaine, d'autre part un certain vocabulaire psychologique que l'on trouve dans les tragédies de Racine ou dans les romans inspirés par la préciosité.

Chaque mot est suivi de ses références précises au livre, à la fable dans le livre et au vers dans la fable. Ce vocabulaire ne concerne que les textes cités dans nos extraits.

I. MOTS VIEILLIS AU TEMPS DE LA FONTAINE

*Il s'agit ici de mots dont beaucoup sont omis par le Dictionnaire de l'Académie de 1694, ou condamnés par lui, **du moins dans le sens où La Fontaine les prend**; ce sens est souvent celui que le terme avait au XVIᵉ siècle. D'autres termes viennent même du Moyen Age, en particulier ceux qui se rapportent à la vie paysanne; l'épuration de la langue entreprise au XVIIᵉ siècle les avait éliminés du vocabulaire du « bon usage ».*

Affiner : III, XVIII, 36.
Amasser : IX, IX, 5.
Arboriste : V, VIII, 35.
Balandras : VI, III, 37.
Besacier : I, VII, 32.
Bique : IV, XV, I, 13. **Biquet : IV**, XV, 4, 19, 25.
Boquillon : V, I, 57.
Chaudeau : III, VII, 20.
Chaumine : I, XVI, 4.
Chevalin (adj.) **: V**, VIII, 22.
Clopin-clopant : V, II, 23.
S'éjouir : IV, XXI, 36.
S'entre-baiser : II, XV, 24.
Encorné : III, V, 2.
Endenté : IV, IV, 36.
Famille : IV, IV, 35.
Frairie : III, IX, 2.
Galant. — Nom masculin : **II**, II, 10; **II**, XV, 27; **III**, XI, 5; **III**, XVIII, 15; **IV**, XI, 20. — Féminin (**galande**) : **III**, XVII, 5; **IV**, XI, 30.
Géniture : IV, XVI, 15; **IX**, I, 77.
Gent (substantif) : **II**, II, 7; **II**, V, 14; **III**, IV, 7, 8; **III**, XVIII. 41.
Herbette : III, III, 14.
Hoquet : V, II, 25.
Louvat : III, XIII, 13. — **Louveteau : III**, XIII, 10.
Maflu : III, XVII, 9.
Nitée : IV, XXII, 17.
Oisillon : I, VIII, 9, 40, 51, 56.
Ost : XI, III, 36.
Panetière : X, VIII, 68.
Poulaille : XI, III, 13.
Prélasser (se) : III, I, 68.
Prouesse (singulier abstrait) : **III**, XIV, 2.
Provende : IV, XVI, 8.
Quart : I, XIII, 13.
Semondre : V, VII, 14.
Taupinée : VIII, IX, 8.
Touret : V, VI, 7.

D'autre part, La Fontaine cite des expressions ou des proverbes anciens :

Cuider : IV, XI, I (*tel cuide engeigner autrui, qui souvent s'engeigne soi-même*).
Cure : III, I, 41 (*n'en avoir cure*).
Engeigner : IV, XI, I, 2 (voir **cuider**).
Lie (adj.) **: III**, XVII, 5 (*faire chère lie*).
Lippée : I, V, 19 (*point de franche lippée*).

Enfin le nom du chat ***Grippeminaud*** (**VII**, XVI, 39, 43) est repris de Rabelais.

II. TERMES NOUVEAUX

a) *Alliances de mots et composés fabriqués par La Fontaine :*
   Porte-sonnette : XI, XI, 101.
   Trotte-menu : III, XVIII, 41.

b) *Mots qui passent pour être de l'invention de La Fontaine :*
   Émoucheur (bien qu' « esmoucheteur » soit attesté auparavant) : **VIII,**
   X, 44, 45, 52.
   Souriquois : IV, IV, 21.

*Ces créations de La Fontaine sont d'ailleurs conçues à la façon dont les poètes
du XVIᵉ siècle concevaient déjà l'enrichissement du vocabulaire; l'impression
que pouvaient faire ces mots sur les lecteurs du XVIIᵉ siècle confirmait donc
le caractère volontairement vieillot, un peu « marotique », donné par le poète
à son style.*

III. VOCABULAIRE PSYCHOLOGIQUE

Affligé : XII, XXVII, 32.
Alarme : II, IX, 17; **IV,** XXII, 33; **VIII,** XI, 7; au pluriel : **VIII,** II, 43;
Épître à Huet, 13.
Charme(s) : II, I, 21; **VI,** XXI, 25; **VIII,** XIV, 46; **IX,** I, 32; **IX,** II, 82. —
Charmant : IX, II, 79.
Ciel : I, XIX, 5; **VII,** I, 16; **VII,** III, 28; **VII,** VII, 2; **X,** XV, 20; **XI,** IV, 21;
XI, VII, 33.
Confus : I, II, 17; **IX,** XX, 91; *Épître à Huet,* 64.
Courage : IX, II, 10.
Courroux : VI, XIII, 19; **VII,** I, 19; *Épître à Huet,* 56.
Cruauté : XI, III, 28.
Destin : I, V, 21; **III,** XIV, 9; **VI,** XVIII, 6; **IX,** II, 43; **XI,** IV, 30.
Dévouement : VII, I, 22. — **Dévouer : VII,** I, 30, 57.
Fier : II, I, 22.
Flatteur (adj.) : **IX,** XX, 5; **XII,** XXVII, 65.
Foi : III, XIII, 20, 28; **IV,** XI, 27; **XI,** IX, 43.
Fortune : V, XI, 8; 23, **X,** XIV, 34.
Funeste : IX, II, 14; **XI,** III, 43.
Fureur : II, IX, 28; **VI,** XVIII, 11; **VII,** I, 2; **XI,** VII, 59.
Gloire : II, IX, 30; **VI,** X, 24; **VII,** IX, 13; **VII,** XVIII, 56; **IX,** I, 4; **X,**
XIII, 1; **X,** XIV, 43; *Épître à Huet,* 42, 59.
Honneur : VI, X, 25.
Horreur : XI, VII, 57.
Innocent : VII, I, 12; **XI,** VII, 42; **XI,** *Épilogue,* 18; **XII,** XX, 34.
Inquiet : IX, II, 20, 80. **Inquiétude : VI,** V, 9.
Mélancolie : VII, X, 12.
Misérable : III, XVIII, 4; **V,** VI, 12; **VI,** XIII, 28; **XII,** XX, 14. — **Misère :**
X, XIII, 49; **X,** XV, 6; **XI,** VII, 34.
Objet : IX, II, 79.
Perfide : IV, XI, 31. — **Perfidie : IV,** XI, 44.
Sang : IX, XX, 124.
Soin. — 1° Sens actuel : **VII,** X, 11; 2° Attachement à quelqu'un : **II,** I, 40;
3° Souci : **III,** I, 12; **IV,** II, 1; **IV,** XXII, 20; **V,** I, 3; **VII,** III, 2; **VII,** IX, 18;
VIII, I, 43; **IX,** II, 9; **X,** I, 54; **XI,** IV, 40; **XI,** IX, 8, 23.
Soupir : VI, XXI, I, 10.
Traître : VIII, XIV, 38; **IX,** II, 40.
Triste : III, XIV, 7; **VII,** X, 11; **VIII,** XI, 21. — **Tristesse : VI,** XXI, 3.
Vertu : V, I, 24; **VIII,** I, 14.
Zèle : VIII, I, 59; **VIII,** XI, 20.

*Tous ces termes appartiennent au vocabulaire des « passions de l'âme », telles
qu'elles s'expriment dans les tragédies et dans les romans. Ils sont le plus souvent employés par La Fontaine dans une intention parodique. On remarquera que
les mots de cette série sont plus nombreux dans les fables des livres VII à XII, alors
que les mots vieillis à sens concret sont plus nombreux dans les six premiers livres.*

À MONSEIGNEUR

LE DAUPHIN[1]

MONSEIGNEUR,

S'il y a quelque chose d'ingénieux dans la république des Lettres, on peut dire que c'est la manière dont Ésope a débité[2] sa morale. Il serait véritablement à souhaiter que d'autres mains que les miennes y eussent ajouté les ornements de la poésie, puisque le plus sage des
5 anciens[3] a jugé qu'ils n'y étaient pas inutiles. J'ose, MONSEIGNEUR, vous en présenter quelques essais. C'est un entretien convenable à vos premières années. Vous êtes en un âge où l'amusement et les jeux sont permis aux princes; mais en même temps vous devez donner quelques-unes de vos pensées à des réflexions sérieuses. Tout cela se
10 rencontre aux fables que nous devons à Ésope. L'apparence en est puérile, je le confesse; mais ces puérilités servent d'enveloppe à des vérités importantes.
Je ne doute point, MONSEIGNEUR, que vous ne regardiez favorablement des inventions si utiles et tout ensemble si agréables : car que
15 peut-on souhaiter davantage que ces deux points? Ce sont eux qui ont introduit les sciences parmi les hommes. Ésope a trouvé un art singulier de les joindre l'un avec l'autre : la lecture de son ouvrage répand insensiblement[4] dans une âme les semences de la vertu, et lui apprend à se connaître sans qu'elle s'aperçoive de cette étude, et tandis qu'elle
20 croit faire tout autre chose. C'est une adresse dont s'est servi très heureusement celui[5] sur lequel Sa Majesté a jeté les yeux pour vous donner des instructions[6]. Il fait en sorte que vous apprenez sans peine, ou, pour mieux parler, avec plaisir, tout ce qu'il est nécessaire qu'un prince sache. Nous espérons beaucoup de cette conduite. Mais, à
25 dire la vérité, il y a des choses dont nous espérons infiniment davan-

---

1. *Le Dauphin :* fils de Louis XIV et de Marie-Thérèse, alors âgé de près de six ans et demi; **2.** *Débiter :* exposer, sans valeur péjorative; 3. Socrate (voir Préface, page 24, ligne 19); **4.** *Insensiblement :* sans que le lecteur s'en rende compte; **5.** Le président de Périgny, qui, à sa mort en 1670, sera remplacé par Bossuet; **6.** *Instructions :* enseignement.

tage : ce sont, MONSEIGNEUR, les qualités que notre invincible monarque vous a données avec la naissance ; c'est l'exemple que tous les jours il vous donne. Quand vous le voyez former de si grands desseins[1] ; quand vous le considérez qui regarde sans s'étonner[2] l'agi-
30 tation de l'Europe et les machines[3] qu'elle remue pour le détourner de son entreprise, quand il pénètre dès sa première démarche jusque dans le cœur d'une province[4] où l'on trouve à chaque pas des barrières insurmontables, et qu'il en subjugue une autre en huit jours, pendant la saison la plus ennemie de la guerre, lorsque le repos et les plaisirs
35 règnent dans les cours des autres princes ; quand, non content de dompter les hommes, il veut triompher aussi des éléments[5] ; et quand, au retour de cette expédition où il a vaincu comme un Alexandre, vous le voyez gouverner ses peuples comme un Auguste[6] : avouez le vrai, MONSEIGNEUR, vous soupirez pour la gloire aussi bien que lui, malgré
40 l'impuissance de vos années ; vous attendez avec impatience le temps où vous pourrez vous déclarer son rival dans l'amour de cette divine maîtresse. Vous ne l'attendez pas, MONSEIGNEUR, vous le prévenez. Je n'en veux pour témoignage que ces nobles inquiétudes, cette vivacité, cette ardeur, ces marques d'esprit, de courage, et de grandeur d'âme,
45 que vous faites paraître à tous les moments. Certainement c'est une joie bien sensible à notre monarque ; mais c'est un spectacle bien agréable pour l'univers, que de voir ainsi croître une jeune plante qui couvrira un jour de son ombre tant de peuples et de nations.

Je devrais m'étendre sur ce sujet ; mais, comme le dessein que j'ai
50 de vous divertir est plus proportionné à mes forces que celui de vous louer, je me hâte de venir aux fables, et n'ajouterai aux vérités que je vous ai dites que celle-ci : c'est, MONSEIGNEUR, que je suis, avec un zèle respectueux,

Votre très humble, très obéissant,
et très fidèle serviteur,

DE LA FONTAINE.

---

1. Allusion à la préparation militaire et diplomatique (conclusion de la Triple-Alliance) de la guerre de Dévolution ; 2. *S'étonner :* ici, s'effrayer. 3. *Machines :* combinaisons diplomatiques et manœuvres stratégiques ; 4. Cette *province* est la Flandre, conquise en 1667 ; l'*autre* est la Franche-Comté, conquise en 1668 ; 5. Il n'était pas d'usage de faire la guerre pendant la mauvaise saison ; 6. En politique intérieure, Louis XIV s'occupait d'une réforme de la justice (depuis 1665).

PRÉFACE

L'indulgence que l'on a eue pour quelques-unes de mes fables[1] me donne lieu d'espérer la même grâce pour ce recueil. Ce n'est pas qu'un des maîtres de notre éloquence[2] n'ait désapprouvé le dessein de les mettre en vers : il a cru que leur principal ornement
5 est de n'en avoir aucun; que d'ailleurs la contrainte de la poésie, jointe à la sévérité de notre langue, m'embarrasseraient[3] en beaucoup d'endroits et banniraient de la plupart de ces récits la brèveté[4], qu'on peut fort bien appeler l'âme du conte, puisque sans elle il faut nécessairement qu'il languisse. Cette opinion ne saurait partir que d'un
10 homme d'excellent goût; je demanderais seulement qu'il en relâchât quelque peu, et qu'il crût que les Grâces lacédémoniennes[5] ne sont pas tellement ennemies des Muses françaises que l'on ne puisse souvent les faire marcher de compagnie. **(1)**

Après tout, je n'ai entrepris la chose que sur l'exemple, je ne
15 veux pas dire des anciens, qui ne tire point à conséquence pour moi, mais sur celui des modernes. C'est de tout temps, et chez tous les peuples qui font profession de poésie, que le Parnasse a jugé ceci de son apanage. A peine les fables qu'on attribue à Ésope virent le jour que Socrate trouva à propos de les habiller des livrées des
20 Muses. Ce que Platon en rapporte[6] est si agréable que je ne puis m'empêcher d'en faire un des ornements de cette préface. Il dit que Socrate étant condamné au dernier supplice, l'on remit l'exécution de l'arrêt à cause de certaines fêtes. Cébès[7] l'alla voir le jour de sa mort. Socrate lui dit que les dieux l'avaient averti plusieurs
25 fois, pendant son sommeil, qu'il devait s'appliquer à la musique[8] avant qu'il mourût. Il n'avait pas entendu d'abord ce que ce songe

---

1. Sans doute La Fontaine avait-il lu quelques fables dans les salons, comme c'était l'usage pour toute sorte d'œuvres littéraires; **2.** Patru, avocat et académicien, était considéré comme une autorité en matière de langage et de goût; **3.** Accord logique avec les deux sujets : *contrainte* et *sévérité*; **4.** *Brèveté* : nom formé régulièrement sur l'adjectif *bref*; on dirait aujourd'hui *brièveté*; **5.** La concision lacédémonienne est célèbre (laconisme); **6.** Dans le *Phédon* (60 d-61 c); **7.** *Cébès* : disciple de Socrate; **8.** *Musique* désignait tous les travaux présidés par les Muses.

--- **QUESTIONS** ---

1. A travers les objections faites par Patru à La Fontaine, peut-on définir les règles de la fable selon le goût classique? Dans quelle mesure La Fontaine laisse-t-il ici entendre qu'il a évité les écueils du genre?

signifiait; car, comme la musique ne rend pas l'homme meilleur, à quoi bon s'y attacher? Il fallait qu'il y eût du mystère là-dessous, d'autant plus que les dieux ne se laissaient point de lui envoyer la
30 même inspiration. Elle lui était encore venue une de ces fêtes. Si bien qu'en songeant aux choses que le ciel pouvait exiger de lui, il s'était avisé que la musique et la poésie ont tant de rapport que possible était-ce[1] de la dernière qu'il s'agissait. Il n'y a point de bonne poésie sans harmonie : mais il n'y en a point non plus sans
35 fiction; et Socrate ne savait que dire la vérité. Enfin il avait trouvé un tempérament[2] : c'était de choisir des fables qui continssent quelque chose de véritable, telles que sont celles d'Ésope. Il employa donc à les mettre en vers les derniers moments de sa vie. **(2)**

Socrate n'est pas le seul qui ait considéré comme sœurs la poésie
40 et nos fables. Phèdre[3] a témoigné qu'il était de ce sentiment; et, par l'excellence de son ouvrage, nous pouvons juger de celui du prince des philosophes. Après Phèdre, Aviénus[4] a traité le même sujet. Enfin les modernes les ont suivis : nous en avons des exemples non seulement chez les étrangers, mais chez nous. Il est vrai que,
45 lorsque nos gens y ont travaillé, la langue était si différente de ce qu'elle est qu'on ne les doit considérer que comme étrangers. Cela ne m'a point détourné de mon entreprise; au contraire, je me suis flatté de l'espérance que si je ne courais dans cette carrière avec succès, on me donnerait au moins la gloire de l'avoir ouverte. **(3)**
50 Il arrivera possible[5] que mon travail fera naître à d'autres personnes l'envie de porter la chose plus loin. Tant s'en faut que cette matière soit épuisée qu'il reste encore plus de fables à mettre en vers que je n'en ai mis. J'ai choisi véritablement les meilleures, c'est-à-dire celles qui m'ont semblé telles : mais, outre que je puis
55 m'être trompé dans mon choix, il ne sera pas bien difficile de donner un autre tour à celles-là mêmes que j'ai choisies; et si ce tour est moins long, il sera sans doute plus approuvé. Quoi qu'il en arrive, on m'aura toujours obligation, soit que ma témérité ait été heureuse,

---

1. *Possible était-ce :* peut-être était-ce (emploi adverbial de *possible*); 2. *Tempérament :* moyen terme; 3. *Phèdre :* fabuliste latin du siècle d'Auguste (voir Notice, p. 12); 4. *Aviénus :* il s'agit d'Avianus Flavius, fabuliste latin du IIᵉ ou du IIIᵉ siècle après J.-C.; 5. *Possible :* même emploi adverbial qu'à la ligne 33.

─────── **QUESTIONS** ───────

2. L'art du récit dans cette anecdote sur Socrate : à quoi y reconnaît-on l'habileté du conteur, qui sait maintenir l'intérêt de son histoire jusqu'au bout?

3. Quels sont les auteurs « modernes » et notamment les auteurs français auxquels songe La Fontaine en faisant allusion à ses prédécesseurs? La Fontaine se présente-t-il en fin de compte comme fidèle à une tradition ou comme novateur?

et que je ne me sois point trop écarté du chemin qu'il fallait tenir,
60 soit que j'aie seulement excité les autres à mieux faire. (4)

Je pense avoir justifié suffisamment mon dessein : quant à l'exécution, le public en sera juge. On ne trouvera pas ici l'élégance ni
l'extrême brèveté qui rendent Phèdre recommandable : ce sont
qualités au-dessus de ma portée. Comme il m'était impossible de
65 l'imiter en cela, j'ai cru qu'il fallait en récompense[1] égayer l'ouvrage
plus qu'il n'a fait. Non que je le blâme d'en être demeuré dans ces
termes[2] : la langue latine n'en demandait pas davantage; et, si l'on
y veut prendre garde, on reconnaîtra dans cet auteur le vrai caractère
et le vrai génie de Térence[3]. La simplicité est magnifique chez ces
70 grands hommes : moi, qui n'ai pas les perfections du langage comme
ils les ont eues, je ne la puis élever à un si haut point. Il a donc fallu
se récompenser d'ailleurs : c'est ce que j'ai fait avec d'autant plus
de hardiesse que Quintilien[4] dit qu'on ne saurait trop égayer[5] les
narrations. Il ne s'agit pas ici d'en apporter une raison : c'est assez
75 que Quintilien l'ait dit. J'ai pourtant considéré que ces fables étant
sues de tout le monde, je ne ferais rien si je ne les rendais nouvelles
par quelques traits qui en relevassent le goût. C'est ce qu'on demande
aujourd'hui : on veut de la nouveauté et de la gaieté. Je n'appelle
pas gaieté ce qui excite le rire; mais un certain charme, un air agréable
80 qu'on peut donner à toutes sortes de sujets, même les plus
sérieux. (5)

Mais ce n'est pas tant par la forme que j'ai donnée à cet ouvrage
qu'on en doit mesurer le prix que par son utilité et par sa matière :
car qu'y a-t-il de recommandable dans les productions de l'esprit
85 qui ne se rencontre dans l'apologue? C'est quelque chose de si divin
que plusieurs personnages de l'antiquité ont attribué la plus grande
partie de ces fables à Socrate, choisissant, pour leur servir de père,
celui des mortels qui avait le plus de communication avec les dieux.
Je ne sais comme ils n'ont point fait descendre du ciel ces mêmes
90 fables, et comme ils ne leur ont point assigné un dieu qui en eût

---

1. *En récompense :* en compensation; de même, quelques lignes plus bas, *se récompenser :* se dédommager; 2. *Terme :* limite; 3. *Térence :* auteur comique latin du IIe siècle avant J.-C.; 4. *Quintilien :* maître de rhétorique latin (Ier siècle après J.-C.); l'allusion renvoie à l'*Institution oratoire,* IV, 2; 5. *Egayer :* rendre la forme agréable.

QUESTIONS

---

4. Faut-il croire à la modestie de La Fontaine, se présentant ici comme celui qui ouvre la voie à d'autres qui seront capables de faire mieux que lui? Qu'est-il advenu des fabulistes qui ont pris la suite de La Fontaine? — La Fontaine croit-il tellement à la *brièveté* qu'on exige de la fable?

5. Est-ce tellement l'autorité de Quintilien qui importe ici? Montrez qu'il s'agit de « plaire » au public. Quel est, selon l'opinion de La Fontaine, le caractère particulier de la fable, si on le compare de ce point de vue à d'autres genres littéraires?

la direction, ainsi qu'à la poésie et à l'éloquence. Ce que je dis n'est pas tout à fait sans fondement, puisque, s'il m'est permis de mêler ce que nous avons de plus sacré parmi les erreurs du paganisme, nous voyons que la Vérité a parlé aux hommes par parabole : et la
95 parabole est-elle autre chose que l'apologue, c'est-à-dire un exemple fabuleux, et qui s'insinue avec d'autant plus de facilité et d'effet qu'il est plus commun et plus familier? Qui ne nous proposerait à imiter que les maîtres de la sagesse nous fournirait un sujet d'excuse : il n'y en a point quand des abeilles et des fourmis sont capables
100 de cela même qu'on nous demande. (6)

C'est pour ces raisons que Platon[1], ayant banni Homère de sa république, y a donné à Ésope une place très honorable. Il souhaite que les enfants sucent ces fables avec le lait; il recommande aux nourrices de les leur apprendre : car on ne saurait s'accoutumer
105 de trop bonne heure à la sagesse et à la vertu. Plutôt que d'être réduits à corriger nos habitudes, il faut travailler à les rendre bonnes pendant qu'elles sont encore indifférentes au bien ou au mal. Or quelle méthode y peut contribuer plus utilement que ces fables? Dites à un enfant que Crassus[2], allant contre les Parthes, s'engagea
110 dans leur pays sans considérer comment il en sortirait; que cela le fit périr, lui et son armée, quelque effort qu'il fît pour se retirer. Dites au même enfant que le renard et le bouc descendirent au fond d'un puits pour y éteindre leur soif; que le renard en sortit s'étant servi des épaules et des cornes de son camarade comme d'une échelle;
115 au contraire, le bouc y demeura pour n'avoir pas eu tant de prévoyance; et par conséquent il faut considérer en toute chose la fin. Je demande lequel de ces deux exemples fera le plus d'impression sur cet enfant. Ne s'arrêtera-t-il pas au dernier, comme plus conforme et moins disproportionné que l'autre à la petitesse de son esprit?
120 Il ne faut pas m'alléguer que les pensées de l'enfance sont d'elles-mêmes assez enfantines, sans y joindre encore de nouvelles badineries[3]. Ces badineries ne sont telles qu'en apparence; car, dans le fond, elles portent un sens très solide. Et comme, par la définition du point, de la ligne, de la surface, et par d'autres principes très
125 familiers, nous parvenons à des connaissances qui mesurent enfin le ciel et la terre, de même aussi, par les raisonnements et les conséquences que l'on peut tirer de ces fables, on se forme le

---

1. Dans sa *République*, livre III; 2. *Crassus* : homme politique romain du Ier siècle avant J.-C.; il forma le premier triumvirat avec César et Pompée, et périt en effet dans une campagne contre les Parthes; 3. *Badineries* : sottises.

─────── **QUESTIONS** ───────

6. Comment *forme* et *dessein* sont-ils liés ici? Appréciez la comparaison de l'apologue avec la parabole : montrez qu'elle se justifie par l'influence morale de la religion et par l'influence esthétique de l'Antiquité; ce rapprochement choque-t-il?

jugement et les mœurs, on se rend capable des grandes choses. (7)

Elles ne sont pas seulement morales, elles donnent encore d'autres
130 connaissances : les propriétés des animaux et leurs divers caractères y sont exprimés; par conséquent les nôtres aussi, puisque
nous sommes l'abrégé de ce qu'il y a de bon et de mauvais dans les
créatures irraisonnables. Quand Prométhée voulut former l'homme,
il prit la qualité dominante de chaque bête : de ces pièces si diffé-
135 rentes il composa notre espèce; il fit cet ouvrage qu'on appelle le
petit monde[1]. Ainsi ces fables sont un tableau où chacun de nous
se trouve dépeint. Ce qu'elles nous représentent confirme les personnes d'âge avancé dans les connaissances que l'usage leur a données, et apprend aux enfants ce qu'il faut qu'ils sachent. Comme
140 ces derniers sont nouveau venus dans le monde, ils n'en connaissent
pas encore les habitants; ils ne se connaissent pas eux-mêmes; on
ne les doit laisser dans cette ignorance que le moins qu'on peut;
il leur faut apprendre ce que c'est qu'un lion, un renard, ainsi du
reste, et pourquoi l'on compare quelquefois un homme à ce renard
145 ou à ce lion. C'est à quoi les fables travaillent : les premières notions
de ces choses proviennent d'elles. (8)

J'ai déjà passé la longueur ordinaire des préfaces; cependant
je n'ai pas encore rendu raison de la conduite[2] de mon ouvrage.

L'apologue est composé de deux parties, dont on peut appeler
150 l'une le corps, l'autre l'âme. Le corps est la fable; l'âme, la moralité.
Aristote n'admet dans la fable que les animaux; il en exclut les
hommes et les plantes. Cette règle est moins de nécessité que de
bienséance, puisque ni Ésope, ni Phèdre, ni aucun des fabulistes,
ne l'a gardée; tout au contraire de la moralité, dont aucun ne se
155 dispense. Que s'il m'est arrivé de le faire, ce n'a été que dans les
endroits où elle n'a pu entrer avec grâce, et où il est aisé au lecteur
de la suppléer. On ne considère en France que ce qui plaît : c'est
la grande règle, et pour ainsi dire la seule[3]. Je n'ai donc pas cru que
ce fût un crime de passer par-dessus les anciennes coutumes, lorsque
160 je ne pouvais les mettre en usage sans leur faire tort. Du temps
d'Ésope, la fable était contée simplement, la moralité séparée, et
toujours ensuite. Phèdre est venu, qui ne s'est pas assujetti à cet
ordre : il embellit la narration et transporte quelquefois la moralité
de la fin au commencement. Quand il serait nécessaire de lui trouver

---

1. « L'homme a été nommé un petit monde ou microcosme, comme étant un
abrégé des merveilles du monde » (Furetière); 2. *Conduite* : composition; 3. Molière,
la Critique de « l'Ecole des femmes », scène VI, Racine, Préface de *Bérénice*, et
Boileau, *l'Art poétique*, III, 25, formulent eux aussi cette règle essentielle de la
doctrine classique.

──── **QUESTIONS** ────

7. Les idées morales et pédagogiques de La Fontaine : la comparaison
entre la valeur éducative de l'histoire et celle de la fable est-elle juste?

8. Ce nouvel argument est-il aussi solide que les précédents? Qu'y a-t-il
de vrai et aussi de poétique dans cette vision psychologique du monde?

165 place, je ne manque à ce précepte que pour en observer un qui n'est pas moins important : c'est Horace qui nous le donne. Cet auteur ne veut pas qu'un écrivain s'opiniâtre contre l'incapacité de son esprit, ni contre celle de sa matière. Jamais, à ce qu'il prétend, un homme qui veut réussir n'en vient jusque-là ; il abandonne les choses
170 dont il voit bien qu'il ne saurait rien faire de bon.

> *Et quae*
> *Desperat tractata nitescere posse, relinquit*[1].

C'est ce que j'ai fait à l'égard de quelques moralités du succès desquelles je n'ai pas bien espéré. **(9)**

Il ne reste plus qu'à parler de la vie d'Ésope. Je ne vois presque personne qui ne tienne pour fabuleuse celle que Planude nous a
175 laissée. On s'imagine que cet auteur a voulu donner à son héros un caractère et des aventures[2] qui répondissent à ses fables. Cela m'a paru d'abord spécieux[2], mais j'ai trouvé à la fin peu de certitude en cette critique. Elle est en partie fondée sur ce qui se passe entre Xanthus et Ésope : on y trouve trop de niaiseries. Et qui est le sage
180 à qui de pareilles choses n'arrivent point ? Toute la vie de Socrate n'a pas été sérieuse. Ce qui me confirme en mon sentiment, c'est que le caractère que Planude donne à Ésope est semblable à celui que Plutarque lui a donné dans son Banquet des sept Sages, c'est-à-dire d'un homme subtil, et qui ne laisse rien passer. On me dira
185 que le Banquet des sept Sages est aussi une invention. Il est aisé de douter de tout : quant à moi, je ne vois pas bien pourquoi Plutarque aurait voulu imposer à la postérité dans ce traité-là, lui qui fait profession d'être véritable partout ailleurs et de conserver à chacun son caractère. Quand cela serait, je ne saurais que mentir sur la foi
190 d'autrui : me croira-t-on moins que si je m'arrête à la mienne ? Car ce que je puis est de composer un tissu de mes conjectures, lequel j'intitulerai : *Vie d'Ésope*. Quelque vraisemblable que je le rende, on ne s'y assurera pas, et fable pour fable, le lecteur préférera toujours celle de Planude à la mienne[3]. **(10)**

---

1. « Et les sujets auxquels il désespère de donner de l'éclat, il les laisse » (*l'Art poétique*, vers 149-150) ; 2. *Spécieux :* qui a une apparence de vérité ou de justice 3. Suit la *Vie d'Ésope le Phrygien*, traduite de Planude, moine byzantin du XIVe siècle.

▬ QUESTIONS ▬

9. Comment La Fontaine justifie-t-il l'intérêt qu'il porte au récit, à la *fable* proprement dite ? De quelle façon s'établit l'équilibre entre les préceptes venus des Anciens, l'obéissance au goût du public et l'utilisation de ses propres aptitudes ?

10. SUR L'ENSEMBLE DE LA PRÉFACE. — En quoi consiste l'originalité de La Fontaine, d'après cette Préface ? En est-il conscient et à quoi le voit-on ?

— Rapprochez cette Préface des textes de Molière, de Racine et de Boileau cités dans la note 3 de la page 28 : en quoi La Fontaine est-il d'accord avec eux ? Quelle part tient la soumission aux principes des Anciens dans la création poétique des classiques ?

À MONSEIGNEUR LE DAUPHIN[1]

Je chante les héros dont Ésope est le père,
Troupe de qui l'histoire, encor que mensongère,
Contient des vérités qui servent de leçons.
Tout parle en mon ouvrage, et même les poissons.
5 Ce qu'ils disent s'adresse à tous tant que nous sommes ;
Je me sers d'animaux pour instruire les hommes.
ILLUSTRE REJETON D'UN PRINCE aimé des cieux,
Sur qui le monde entier a maintenant les yeux,
Et qui, faisant fléchir les plus superbes têtes,
10 Comptera désormais ses jours par ses conquêtes[2],
Quelque autre te dira d'une plus forte voix
Les faits de tes aïeux et les vertus des rois.
Je vais t'entretenir de moindres aventures,
Te tracer en ces vers de légères peintures ;
15 Et si de t'agréer je n'emporte le prix,
J'aurai du moins l'honneur de l'avoir entrepris.

-----

1. Le fils de Louis XIV et de Marie-Thérèse était âgé de six ans et demi ; **2.** La Franche-Comté vient d'être conquise.

─────── QUESTIONS ───────

SUR LA DÉDICACE. — Montrez sa conformité avec les idées exprimées dans la Préface. Comment La Fontaine sait-il adapter son propos à l'esprit d'un enfant ?

— La Fontaine, poète courtisan : comment l'éloge de Louis XIV et de la dynastie prend-il place ici d'une manière naturelle ?

— Quel rôle La Fontaine s'adjuge-t-il dans l'éducation du Dauphin ?

FABLES

LIVRE PREMIER

I. — LA CIGALE ET LA FOURMI

La Cigale, ayant chanté
　　　　Tout l'été,
Se trouva fort dépourvue
Quand la bise fut venue :
5　Pas un seul petit morceau
De mouche ou de vermisseau.
Elle alla crier famine
Chez la Fourmi sa voisine,
La priant de lui prêter
10　Quelque grain pour subsister
Jusqu'à la saison nouvelle.
« Je vous paierai, lui dit-elle,
Avant l'oût[1], foi d'animal[2],
Intérêt et principal. »
15　La Fourmi n'est pas prêteuse :
C'est là son moindre défaut[3].
« Que faisiez-vous au temps chaud ?

───────

1. *Oût :* orthographe encore courante au XVIIᵉ siècle pour *août*, également monosyllabique à l'époque. L'emploi de ce mot au sens de « moisson », ici, est une survivance d'un usage fréquent au XVIᵉ siècle, selon Wartburg ; **2.** *Principal :* capital ; **3.** Pour la fourmi, prêter est un défaut qu'elle n'a pas.

─── ● **QUESTIONS** ─────────

Fable I : **la Cigale et la Fourmi.**

Source : *la Cigale et les Fourmis.* — Pendant l'hiver, leur blé étant humide, les fourmis le faisaient sécher. La cigale, mourant de faim, leur demandait de la nourriture. Les fourmis lui répondirent : « Pourquoi, en été, n'amassais-tu pas de quoi manger ? — Je n'étais pas inactive, dit celle-ci, mais je chantais mélodieusement. » Les fourmis se mirent à rire. « Eh bien, si en été tu chantais, maintenant que c'est l'hiver, danse. » Cette fable montre qu'il ne faut pas être négligent en quoi que ce soit, si l'on veut éviter le chagrin et les dangers (Ésope, dans Nevelet, p. 197).

● Vers 1-14. Le caractère de la cigale ; ses attitudes, ses paroles, sa situation. Que marque sa volubilité ? Étudiez l'effet produit par le vers 2 : enjambement, écho de la rime, longueur des syllabes.

LA CIGALE ET LA FOURMI
Illustration de Granville (1803-1847).

LA CIGALE ET LA FOURMI
Illustration de Jean Effel (né en 1908).

Dit-elle à cette emprunteuse.
— Nuit et jour à tout venant
20 Je chantais, ne vous déplaise.
— Vous chantiez? j'en suis fort aise :
Eh bien! dansez maintenant. »

II. — LE CORBEAU ET LE RENARD

Maître[1] Corbeau, sur un arbre perché,
Tenait en son bec un fromage.
Maître Renard, par l'odeur alléché,
Lui tint à peu près ce langage :
5 « Hé! bonjour, Monsieur du Corbeau,
Que vous êtes joli! que vous me semblez beau!
Sans mentir, si votre ramage
Se rapporte[2] à votre plumage,
Vous êtes le phénix[3] des hôtes de ces bois. »

---

1. *Maître* : titre que l'on donnait par honneur aux notables bourgeois; 2. *Se rapporter à* : être en rapport avec; 3. *Phénix* : oiseau fabuleux qui renaissait de ses cendres, dit-on; d'où : extraordinaire.

───── **QUESTIONS** ─────

● VERS 15-21. La fourmi : montrez le caractère ambigu des vers 15-16. — Soulignez la vivacité du dialogue; comment chaque personnage y reste-t-il fidèle à l'idée que nous avons en sommes déjà faite? — L'art du trait final (vers 21-22) : comment est-il préparé? Sa densité; sa dureté railleuse.

■ SUR L'ENSEMBLE DE LA FABLE PREMIÈRE. — Les caractères : montrez que, malgré la brièveté de la fable, La Fontaine a l'art d'esquisser le caractère des personnages. Distinguez la part des bêtes et celle des hommes. Quels traits La Fontaine a-t-il retenus chez ses animaux? Se soucie-t-il d'exactitude pour le reste?
— Le décor : comment est-il suggéré? Quel est son rôle?
— La morale : comment La Fontaine la présente-t-il? De quel ordre est-elle? L'auteur nous propose-t-il ici un modèle, ou bien nous invite-t-il à réfléchir?
— Pensez-vous que la morale de cette fable donne aux enfants, comme l'écrit J.-J. Rousseau (*Émile*, livre II), une « leçon d'inhumanité »?

Fable II : **le Corbeau et le Renard.**

● VERS 1-9. La symétrie des deux premiers distiques; soulignez que *Maître*, répété en écho, n'a pas le même sens pour le corbeau (titre honorifique) et pour le renard (qualification professionnelle). — Par quels procédés La Fontaine montre-t-il que le renard connaît parfaitement l'art de flatter (vocabulaire, mètres, rythme, sonorités)?

10 A ces mots le Corbeau ne se sent pas de joie;
    Et, pour montrer sa belle voix,
    Il ouvre un large bec, laisse tomber sa proie.
    Le Renard s'en saisit, et dit : « Mon bon Monsieur,
        Apprenez que tout flatteur[1]
15   Vit aux dépens de celui qui l'écoute.
    Cette leçon vaut bien un fromage, sans doute. »
        Le Corbeau, honteux et confus,
    Jura, mais un peu tard, qu'on ne l'y prendrait plus.

III. — LA GRENOUILLE QUI VEUT SE FAIRE AUSSI GROSSE QUE LE BŒUF

        Une Grenouille vit un Bœuf
        Qui lui sembla de belle taille.
    Elle, qui n'était pas grosse en tout comme un œuf,
    Envieuse, s'étend, et s'enfle, et se travaille[2]
5   Pour égaler l'animal en grosseur,
        Disant : « Regardez bien, ma sœur;

---

1. Au XVIIe siècle encore, dans l'usage courant du moins, on ne prononçait pas l'*r* final de cette catégorie de noms en *-eur*, la rime est donc bonne; 2. *Se travailler :* se donner beaucoup de mal.

─────── **QUESTIONS** ───────

● Vers 10-18. Que suggèrent le son et le rythme du premier hémistiche du vers 13? Montrez le contraste du rythme entre les vers 10 et 12 et le vers 13. Comparez le langage du renard ici aux vers 5 à 9. — En quoi est-ce une habileté d'avoir fait tirer la leçon par le dupeur?

■ Sur l'ensemble de la fable II. — Brièveté et art de suggérer, dans cette fable. L'habileté de La Fontaine à changer de ton.
    — Certains détails ne trahissent-ils pas la présence amusée du conteur dans le récit?
    — La morale : est-elle positive ou négative? Quelle aurait été la réaction du lecteur si le trompeur avait été puni? Comment le choix des protagonistes rend-il impossible cette solution?
    — En quoi cette fable ressemble-t-elle à une comédie (composition; vivacité; ton)?

Fable III : La Grenouille qui veut se faire aussi grosse que le Bœuf.

● Vers 1-10. Les deux premiers vers n'expliquent-ils pas dans leur simplicité toute l'action de la fable? Comment expliquer l'impression de la grenouille, selon le vers 2? — Par quels moyens La Fontaine traduit-il, dans la description et dans le dialogue, les efforts de la grenouille? — Comment se révèle la présence d'un témoin qui assiste à la scène? A quoi tient la vivacité du dialogue?

Est-ce assez? dites-moi; n'y suis-je point encore?
— Nenni[1]. — M'y voici donc?— Point du tout. — M'y voilà?
— Vous n'en approchez point. » La chétive pécore[2]
10   S'enfla si bien qu'elle creva.

Le monde est plein de gens qui ne sont pas plus sages :
Tout bourgeois veut bâtir comme les grands seigneurs,
    Tout petit prince a des ambassadeurs,
        Tout marquis veut avoir des pages[3].

V. — LE LOUP ET LE CHIEN

    Un Loup n'avait que les os et la peau,
        Tant les chiens faisaient bonne garde.
Ce Loup rencontre un Dogue aussi puissant que beau,

1. *Nenni :* négation devenue familière au XVIIᵉ siècle, ou archaïque ; 2. *Pécore :* animal (terme burlesque selon Richelet [1680]); 3. Prérogative du roi et des princes du sang à cette époque.

——————— **QUESTIONS** ———————

● VERS 11-14. Par sa morale, quel sens La Fontaine donne-t-il à la fable ? À quel personnage du théâtre de Molière peut faire songer le vers 12 ? Cette morale garde-t-elle son actualité ?
■ SUR L'ENSEMBLE DE LA FABLE III. — Étudiez la composition et le mouvement de la fable : en quoi consiste ici l'art de la brièveté ?
— Justifiez le changement de mètre, étudiez le jeu des coupes et des enjambements; quel effet expressif le fabuliste en tire-t-il ?

Fable V : **le Loup et le Chien.**

    SOURCE : *le Chien et le Loup.* — Combien la liberté est douce, c'est ce que je vais dire en peu de mots. Un chien bien nourri se trouva par hasard sur le chemin d'un loup d'une maigreur extrême. Ils se saluent et s'arrêtent. « D'où te vient, dis-moi, ce poil brillant? Que manges-tu pour avoir un tel embonpoint? Moi qui suis bien plus fort que toi, je meurs de faim. » Le chien, franchement, répond : « Cette condition t'appartient si tu peux rendre au maître les mêmes services que moi. — Lesquels? dit l'autre. — Garder la porte; défendre, même la nuit, la maison contre les voleurs. — Eh bien, je suis prêt. Maintenant j'ai à supporter la neige, les pluies violentes; dans les forêts je traîne une vie rude. Combien il me serait plus facile de vivre sous un toit et sans rien faire, de me rassasier largement! — Alors, viens avec moi. » Chemin faisant, le loup voit le cou du chien que la chaîne avait pelé. « D'où vient cela, ami? — Ce n'est rien. — Mais encore, dis. — Comme on me trouve un peu vif, on m'attache de jour, pour que je dorme le matin et que je veille, la nuit venue. Vers le soir, on me délie et je puis errer où bon me semble. Sans que je demande, on m'apporte du pain; le maître me donne des os de sa table; ses gens me jettent des morceaux et du ragoût quand personne n'en veut plus. Ainsi, sans rien faire, je remplis mon ventre. — Bien, mais si tu veux t'en aller quelque part, le peux-tu? — Pas tout à fait. — Alors, jouis de ce sort si vanté, ô chien. Je ne voudrais pas d'un royaume, s'il doit m'en coûter la liberté » (Phèdre, III, 7, dans Nevelet, p. 420).

Gras, poli[1], qui s'était fourvoyé[2] par mégarde.
5   L'attaquer, le mettre en quartiers,
        Sire Loup l'eût fait volontiers ;
        Mais il fallait livrer bataille ;
        Et le mâtin était de taille
        A se défendre hardiment,
10   Le Loup donc l'aborde humblement,
    Entre en propos, et lui fait compliment
        Sur son embonpoint[3], qu'il admire.
        « Il ne tiendra qu'à vous, beau sire,
    D'être aussi gras que moi, lui repartit le Chien.
15   Quittez les bois, vous ferez bien :
        Vos pareils y sont misérables,
        Cancres[4], hères[5] et pauvres diables
    Dont la condition est de mourir de faim.
    Car, quoi ? rien d'assuré, point de franche lippée[6],
20   Tout à la pointe de l'épée.
    Suivez-moi, vous aurez un bien meilleur destin. »
        Le Loup reprit : « Que me faudra-t-il faire ?
    — Presque rien, dit le Chien : donner la chasse aux gens
        Portants bâtons et mendiants[7] ;
25 Flatter ceux du logis, à son maître complaire :
        Moyennant quoi votre salaire
    Sera force reliefs[8] de toutes les façons,
        Os de poulets, os de pigeons ;
        Sans parler de mainte caresse. »
30 Le Loup déjà se forge une félicité
        Qui le fait pleurer de tendresse[9].
    Chemin faisant, il vit le cou du Chien pelé.

---

1. *Poli* : au poil lustré ; **2.** *Se fourvoyer* : s'égarer ; **3.** *Embonpoint* : santé florissante ; **4.** *Cancre* : homme pauvre, incapable du bien comme du mal ; **5.** *Hère* : homme sans considération ni fortune ; **6.** *Franche lippée* : repas qui ne coûte rien ; **7.** Au xviie siècle, le participe présent est encore variable, d'où l'accord avec *gens* de *portants* et de *mendiants* ; **8.** *Reliefs* : restes de repas ; **9.** *Tendresse* : attendrissement.

● QUESTIONS ●

● VERS 1-12. Montrez les réactions successives du loup : instinct, prudence, hypocrisie. A quoi se marque ici le souci de précision chez La Fontaine ? Comment prend-il soin de justifier chaque détail (vers 2, vers 4) ? Comment le rythme marque-t-il l'impétuosité instinctive du loup (vers 5-6), puis son maintien humble (vers 10-12) ?

● VERS 13-29. Comment se traduit l'orgueil du chien ? N'a-t-il pas quelque chose de blessant (vers 15 à 17) ? Sur quoi se fonde ce sentiment de supériorité ? — Quelle conception le chien a-t-il du bonheur ?

« Qu'est-ce là? lui dit-il. — Rien. — Quoi? rien? — Peu
[de chose.
— Mais encor? — Le collier dont je suis attaché
35 De ce que vous voyez est peut-être la cause.
— Attaché! dit le Loup : vous ne courez donc pas
Où vous voulez? — Pas toujours : mais qu'importe?
— Il importe si bien que de tous vos repas
Je ne veux en aucune sorte,
40 Et ne voudrais pas même à ce prix un trésor. »
Cela dit, maître Loup s'enfuit, et court encor.

VII. — LA BESACE

Jupiter dit un jour : « Que tout ce qui respire
S'en vienne comparaître aux pieds de ma grandeur :

——————— **QUESTIONS** ———————————

● Vers 30-41. La vivacité du dialogue n'a-t-elle pas des causes psychologiques chez chacun des deux animaux? Sur quel ton le chien répond-il
aux questions pressantes et inquiètes du loup (en particulier, vers 33)?
Analysez les coupes du vers 36 et montrez leur valeur expressive; la
force du rejet au vers 37. — Quelle morale se dégage de cette fable?
Ne vous paraît-elle pas s'accorder au tempérament du poète?

■ Sur l'ensemble de la fable V. — L'art de la composition et du
dialogue dans cette fable.
— Comparez les attitudes du loup aux divers moments de l'histoire.
— Quels sentiments La Fontaine nous suggère-t-il à l'égard de cet
animal?

Fable VII : **la Besace.**

Sources : *la Guenon et Jupiter*. — Jupiter avait un jour demandé par le
monde entier qui pouvait présenter les plus beaux rejetons. A l'envi accourt
vers le roi toute la race des bêtes sauvages; et ce troupeau, mêlé à l'homme,
est amené au dieu. Eux-mêmes, les poissons armés d'écailles ne sont pas absents
de ce débat, ni tout ce qu'il y a d'oiseaux parcourant les pures régions de l'air.
Parmi eux, les mères affairées amenaient leurs petits pour les soumettre au
jugement du puissant dieu. Alors une guenon au corps ramassé, traînant son
nourrisson informe, fit éclater de rire Jupiter lui-même. Et cependant, avant
toutes les autres, l'affreuse bête prit la parole, voulant effacer le reproche
qu'on adresse à sa race. « Sachez-le, Jupiter, si quelqu'un doit triompher,
c'est celui-ci, qui l'emporte sur tous. » Tel est le caractère de l'homme : tous
ce qu'il fait, même dépourvu de valeur, il le couvre de louanges (Avianut,
dans Nevelet, p. 464).

Les vices des hommes. — Jupiter nous a chargés de deux besaces. Celle
qui est pleine de nos propres défauts, il l'a mise derrière notre dos. Il a
suspendu devant nous celle qui est lourde des vices d'autrui. Voilà pourquoi
nous ne saurions voir nos défauts; mais à la première faute des autres
comme nous les censurons! (Phèdre, IV, 10, dans Nevelet, p. 434.)

Si dans son composé[1] quelqu'un trouve à redire,
    Il peut le déclarer sans peur ;
5   Je mettrai remède à la chose.
Venez, Singe ; parlez le premier, et pour cause.
Voyez ces animaux, faites comparaison
    De leurs beautés avec les vôtres.
Êtes-vous satisfait ? — Moi, dit-il, pourquoi non ?
10 N'ai-je pas quatre pieds aussi bien que les autres ?
Mon portrait jusqu'ici ne m'a rien reproché :
Mais pour mon frère l'Ours, on ne l'a qu'ébauché ;
Jamais, s'il me veut croire, il ne se fera peindre. »
L'Ours venant là-dessus, on crut qu'il s'allait plaindre.
15 Tant s'en faut : de sa forme il se loua très fort,
Glosa sur[2] l'Éléphant, dit qu'on pourrait encor
Ajouter à sa queue, ôter à ses oreilles ;
Que c'était une masse informe et sans beauté.
    L'Éléphant étant écouté,
20 Tout sage qu'il était, dit des choses pareilles :
    Il jugea qu'à son appétit[3]
    Dame Baleine était trop grosse.
Dame Fourmi trouva le Ciron[4] trop petit,
    Se croyant, pour elle, un colosse.
25 Jupin[5] les renvoya, s'étant censurés tous,
Du reste contents d'eux. Mais parmi les plus fous
Notre espèce excella : car tout ce que nous sommes[6],
Lynx envers nos pareils, et taupes envers nous,
Nous nous pardonnons tout, et rien aux autres hommes :
30 On se voit d'un autre œil qu'on ne voit son prochain.
    Le fabricateur[7] souverain

---

1. *Composé* : constitution naturelle ; 2. *Gloser sur* : critiquer ; 3. *Appétit* : goût ;
4. *Ciron* : insecte à peine visible à l'œil nu ; ici, symbole de l'extrême petitesse ;
5. *Jupin* : diminutif familier, mais sans valeur burlesque, de Jupiter ; 6. Tous, tant
que nous sommes ; 7. *Fabricateur* : le Créateur.

━━━ QUESTIONS ━━━

● Vers 1-5. Le ton de ce préambule. Comment le mètre utilisé dans les trois premiers vers crée-t-il une impression de majesté ?

● Vers 6-26. Étudiez la composition de ce défilé ; montrez son caractère parfaitement logique. Comment La Fontaine le souligne-t-il lui-même ? Dans quel ordre comparaissent les animaux ? — L'ironie de La Fontaine : son expression directe (vers 6 et 8), conforme à la dignité de celui qui parle ; ses formes indirectes dans les vers 14 et suivants.

Nous créa besaciers[1] tous de même manière,
Tant ceux du temps passé que du temps d'aujourd'hui :
Il fit pour nos défauts la poche de derrière,
35 Et celle de devant pour les défauts d'autrui.

VIII. — L'HIRONDELLE
ET LES PETITS OISEAUX

Une Hirondelle en ses voyages
Avait beaucoup appris. Quiconque a beaucoup vu
Peut avoir beaucoup retenu.
Celle-ci prévoyait jusqu'aux moindres orages,
5 Et devant[2] qu'ils fussent éclos,
Les annonçait aux matelots.
Il arriva qu'au temps que la chanvre se sème,
Elle vit un manant[3] en couvrir maints sillons.

---

1. *Besacier* est un mot probablement créé par La Fontaine (voir Lexique, page 20);
2. *Devant que* : avant que; 3. *Manant* : paysan, sans valeur péjorative.

———— ■ QUESTIONS ————————————

● VERS 26-35. Pourquoi La Fontaine a-t-il cité l'homme en dernier? Le fait-il comparaître aussi devant Jupiter? Comment évolue le récit? Expliquez le vers 28 et montrez sa vigueur. Comment la morale s'adapte-t-elle au récit?

■ SUR L'ENSEMBLE DE LA FABLE VII. — Comment La Fontaine a-t-il combiné les deux textes qui lui ont servi de sources pour donner une unité à son poème?
— Cherchez dans cette fable les éléments burlesques.
— Cette fable ne s'élève-t-elle pas par sa moralité à une méditation sur l'homme, où apparaît la profondeur du poète?
— Étudiez le rôle de l'octosyllabe dans cette fable.

Fable VIII : l'Hirondelle et les Petits Oiseaux.

SOURCE : *l'Hirondelle et les Oiseaux.* — Pour produire le lin issu de la semence du lin, la terre nourrit la semence. Mais l'hirondelle éveille les craintes des oiseaux. « Cette semence, dit-elle, nous menace de mille maux. Déterrez ces graines répandues pour notre perte. » La troupe repousse ces sages conseils; elle dénonce ces vaines terreurs. La semence sort de terre; les tiges verdoient. De nouveau l'hirondelle avertit que le danger menace; de nouveau les oiseaux en rient. L'hirondelle fait sa paix avec l'homme; elle habite avec lui; elle le flatte de son doux chant, car les coups prévus frappent d'ordinaire moins rudement. Déjà le lin se moissonne; déjà se font les filets; déjà l'homme prend au piège les oiseaux; déjà, conscients de leur faute, les oiseaux s'accusent. Mépriser un conseil salutaire, c'est se suivre un pernicieux; quiconque néglige sa sûreté tombe au piège avec juste raison (Anonyme, dans Nevelet, p. 500).

● VERS 1-6. Quelle est l'utilité de ce prologue pour l'action? Comment, dès ce moment, La Fontaine généralise-t-il déjà (vers 2-3)?

« Ceci ne me plaît pas, dit-elle aux Oisillons :
10 Je vous plains; car, pour moi, dans ce péril extrême,
Je saurai m'éloigner ou vivre en quelque coin.
Voyez-vous cette main qui par les airs chemine?
Un jour viendra, qui n'est pas loin,
Que ce qu'elle répand sera ruine.
15 De là naîtront engins à vous envelopper,
Et lacets pour vous attraper,
Enfin mainte et mainte machine[1]
Qui causera dans la saison[2]
Votre mort ou votre prison :
20 Gare la cage ou le chaudron!
C'est pourquoi, leur dit l'Hirondelle,
Mangez ce grain, et croyez-moi. »
Les Oiseaux se moquèrent d'elle :
Ils trouvaient aux champs trop de quoi[3].
25 Quand la chènevière[4] fut verte,
L'Hirondelle leur dit : « Arrachez brin à brin
Ce qu'a produit ce maudit grain,
Ou soyez sûrs de votre perte.
— Prophète de malheur! babillarde! dit-on.
30 Le bel emploi que tu nous donnes!
Il nous faudrait mille personnes
Pour éplucher tout ce canton[5]. »
La chanvre étant tout à fait crue[6],
L'Hirondelle ajouta : « Ceci ne va pas bien;
35 Mauvaise graine est tôt venue.
Mais, puisque jusqu'ici l'on ne m'a crue en rien,

---

1. *Machine :* moyen mécanique; ici, piège; 2. Le moment venu; 3. *Trop de quoi :* trop de travail à faire; 4. *Chènevière :* champ où pousse le chanvre; 5. *Canton :* portion de terrain; 6. *Crue :* poussée (participe passé de *croître*).

━━━━━━ **QUESTIONS** ━━━━━━

● Vers 7-24. Composition de ce premier acte. — Quels sentiments animent l'hirondelle, en particulier aux vers 10 et 11? Comment se marque chez elle le talent de l'observation? Montrez que le vers 12 traduit l'ampleur du mouvement et du danger; quelle nuance le rythme apporte-t-il au vers 13? Étudiez les vers suivants (vers 14-22) au même point de vue. — L'attitude des oisillons : que traduit l'opposition entre la longue tirade de l'hirondelle et le vers 24, de style indirect, qui lui répond?
● Vers 25-32. Quelle progression marque ce passage? Quel ton prend maintenant l'appel de l'hirondelle (vers 26-28)? — Que traduit la réponse des oisillons (style direct, apostrophe du vers 29)? Que vaut leur argument des vers 31-32?

Dès que vous verrez que la terre
Sera couverte¹, et qu'à leurs blés
Les gens n'étant plus occupés
40   Feront aux Oisillons la guerre;
Quand reginglettes et réseaux²
Attraperont petits oiseaux;
Ne volez plus de place en place,
Demeurez au logis, ou changez de climat :
45 Imitez le canard, la grue et la bécasse.
Mais vous n'êtes pas en état
De passer, comme nous, les déserts et les ondes,
Ni d'aller chercher d'autres mondes.
C'est pourquoi vous n'avez qu'un parti qui soit sûr;
50 C'est de vous renfermer au trou de quelque mur. »
Les Oisillons, las de l'entendre,
Se mirent à jaser aussi confusément
Que faisaient les Troyens quand la pauvre Cassandre³
Ouvrait la bouche seulement.
55   Il en prit⁴ aux uns comme aux autres :
Maint Oisillon se vit esclave retenu.

Nous n'écoutons d'instincts que ceux qui sont les nôtres⁵,
Et ne croyons le mal que quand il est venu.

---

1. *Couvrir :* ensemencer (à rapprocher du vers 8); **2.** *Reginglette :* piège constitué par une longue baguette flexible formant ressort et par deux planchettes; *réseau :* filet très fin; **3.** *Cassandre :* fille de Priam, roi de Troie; elle avait le don de prédiction, mais n'était jamais crue, même lorsqu'elle prédit la prise de Troie; **4.** Il en arriva; **5.** Nous n'ajoutons foi qu'à nos propres instincts.

━━━━ QUESTIONS ━━━━

● Vers 33-54. Quel effet produit le dernier sermon de l'hirondelle? Pourquoi donne-t-elle de nouveau tant de détails? Montrez la complaisance, la supériorité qui se marque ici : que suggère l'ampleur des vers 46-48? — Appréciez la réaction des oisillons et ce qu'elle reflète de leur psychologie. — La comparaison avec les Troyens et Cassandre (vers 53-54) n'est-elle qu'un souvenir mythologique? N'avait-elle pas été déjà préparée? N'annonce-t-elle pas la morale?

● Vers 55-58. La morale nous surprend-elle? Ne semble-t-elle pas un peu restreinte (vers 57)?

■ Sur l'ensemble de la fable VIII. — Étudiez le mouvement de cette fable, et notamment sa composition dramatique. Comment s'équilibrent les trois épisodes?

— Montrez que cette fable évoque avec précision et pittoresque plusieurs aspects de la vie campagnarde.

— Étudiez la psychologie des personnages : montrez-en la justesse. Pourquoi une seule hirondelle en face des oisillons?

IX. — LE RAT DE VILLE ET LE RAT DES CHAMPS

Autrefois le Rat de ville
Invita le Rat des champs,
D'une façon fort civile,
A des reliefs[1] d'ortolans.

5 Sur un tapis de Turquie
Le couvert se trouva mis.
Je laisse à penser la vie[2]
Que firent ces deux amis.

Le régal fut fort honnête :
10 Rien ne manquait au festin;
Mais quelqu'un troubla la fête
Pendant qu'ils étaient en train.

A la porte de la salle
Ils entendirent du bruit :
15 Le Rat de ville détale;
Son camarade le suit.

Le bruit cesse, on se retire :
Rats en campagne[3] aussitôt;
Et le citadin de dire :
20 « Achevons tout notre rôt[4].

— C'est assez, dit le rustique;
Demain vous viendrez chez moi,
Ce n'est pas que je me pique[5]
De tous vos festins de roi :

---

1. *Reliefs* : restes d'un repas (voir *le Loup et le Chien*, I, v, vers 27); **2.** *Vie* : festin; **3.** *En campagne* : en mouvement; **4.** *Rôt* : viande rôtie à la broche; **5.** *Se piquer de* : se vanter d'avoir.

QUESTIONS

Fable IX : **le Rat de ville et le Rat des champs.**

● VERS 1-12. Montrez comment La Fontaine suggère plus qu'il ne décrit (trois premières strophes) : quels détails donne-t-il? Lesquels laisse-t-il dans l'ombre?

25   Mais rien ne vient m'interrompre.
        Je mange tout à loisir.
        Adieu donc. Fi du plaisir
        Que la crainte peut corrompre! »

X. — LE LOUP ET L'AGNEAU

La raison du plus fort est toujours la meilleure :
     Nous l'allons montrer tout à l'heure[1].

       Un Agneau se désaltérait
       Dans le courant d'une onde pure;
5 Un Loup survient à jeun, qui cherchait aventure,
       Et que la faim en ces lieux attirait.
 « Qui te rend si hardi de troubler mon breuvage?
       Dit cet animal plein de rage :
 Tu seras châtié de ta témérité.
10 — Sire, répond l'Agneau, que Votre Majesté
       Ne se mette pas en colère;
       Mais plutôt qu'elle considère
       Que je me vas[2] désaltérant
        Dans le courant

---

1. *Tout à l'heure :* tout de suite; 2. *Vas :* forme correcte au XVIIᵉ siècle, parallèle à *vais*.

─────── **QUESTIONS** ───────

● Vers 13-28. A quoi tient le caractère particulièrement alerte des vers 13-20? La morale n'implique-t-elle pas toute une philosophie?

■ Sur l'ensemble de la fable IX. — Montrez que la versification de cette fable est originale. Quel effet produit-elle?

Fable X : le **Loup** et l'**Agneau**

SOURCE : *le Loup et l'Agneau.* — Au même ruisseau étaient venus le loup et l'agneau, pressés par la soif. Le loup se tenait en dessus et l'agneau beaucoup plus bas. Alors, poussé par son insatiable voracité, le brigand prit un prétexte pour lui chercher querelle. « Pourquoi, dit-il, as-tu troublé l'eau pendant que je buvais? » L'agneau, tremblant, lui répondit : « Comment pourrais-je, dis-moi, faire ce dont tu te plains, ô loup? C'est de toi que descend vers mes lèvres l'eau que je bois. » L'autre, vaincu par la force de la vérité : « Il y a six mois, dit-il, tu as médit de moi. » L'agneau reprit : « Moi! je n'étais pas né. — Eh bien, c'est ton père, dit le loup, qui a médit de moi. » Et là-dessus, il le saisit, le déchire, lui inflige une mort injuste. Cette fable est écrite contre ceux qui, sous des prétextes inventés, accablent les innocents (Phèdre, I, 1, dans Nevelet, p. 389).

● Vers 1-2. Quel est le sens de ces deux vers? Pourquoi La Fontaine les a-t-il placés en tête de la fable? Le récit prend-il la même valeur quand la morale le précède?

15   Plus de vingt pas au-dessous d'Elle;
    Et que par conséquent, en aucune façon,
            Je ne puis troubler sa boisson.
        — Tu la troubles, reprit cette bête cruelle;
    Et je sais que de moi tu médis l'an passé.
20 — Comment l'aurais-je fait si¹ je n'étais pas né?
            Reprit l'Agneau, je tette encor ma mère.
                — Si ce n'est toi, c'est donc ton frère.
            — Je n'en ai point. — C'est donc quelqu'un des tiens;
                Car vous ne m'épargnez guère,
25   Vous, vos bergers et vos chiens.
        On me l'a dit : il faut que je me venge. »
            Là-dessus, au fond des forêts
            Le Loup l'emporte, et puis le mange,
            Sans autre forme de procès.

———————

1. *Si :* puisque.

———— **QUESTIONS** ————

● Vers 3-17. Montrez que les sonorités et le rythme donnent aux vers 3 et 4 leur fluidité. Comment La Fontaine rend-il vraisemblable la rencontre (vers 5-6)? — Appréciez le reproche du loup : comment le vers 8 en donne-t-il une explication? En quoi le vers 9 est-il une conclusion logique pour le loup? — La réponse de l'agneau : l'alliance de respect et de fermeté; la logique de l'agneau peut-elle être appréciée par le loup? Pourquoi ne peut-elle que l'irriter?

● Vers 18-26. Appréciez les vers 18-19 : l'absence de lien logique entre les deux griefs, la répétition du premier grief. Comment se marque le besoin de plus en plus pressant de trouver des raisons pour le loup? Montrez qu'il perd pied progressivement. Sur quoi se rabat-il en définitive pour avoir le dernier mot? Que signifie le *On me l'a dit* (vers 26)? — L'attitude de l'agneau : obstination, douceur polie, logique.

● Vers 27-29. Comment la déroute du loup, sur le plan du raisonnement, et sa faim (vers 35) s'unissent-elles pour abréger la discussion? Par quels moyens La Fontaine traduit-il cette précipitation?

■ Sur l'ensemble de la fable X. — Montrez la vérité profondément humaine du dialogue. Recherchez et classez tous les procédés utilisés pour faire sentir la brutalité du loup. Les arguments donnés par le loup sont-ils valables? Examinez-les un à un. Montrez que La Fontaine n'a pas besoin de qualifier l'attitude des personnages.

— Dans sa rédaction primitive, la fable ne comportait pas la moralité (vers 1-2) et se terminait ainsi :

            Tu la troubles, reprit cette bête cruelle.
            Ne me cherche point de raison,
            Car tout à l'heure il faut que je me venge.

Les trois derniers vers étaient ceux de la rédaction définitive. Comparez les deux versions. Laquelle préférez-vous? Indiquez vos raisons.

XIII. — LES VOLEURS ET L'ÂNE

Pour un âne enlevé[1] deux voleurs se battaient :
L'un voulait le garder, l'autre le voulait vendre.
      Tandis que coups de poing trottaient[2],
Et que nos champions songeaient à se défendre,
5   Arrive un troisième larron
      Qui saisit maître Aliboron[3].

L'âne, c'est quelquefois une pauvre province[4] :
      Les voleurs sont tel et tel prince,
Comme le Transylvain, le Turc et le Hongrois[5].
10   Au lieu de deux, j'en ai rencontré trois :
      Il est assez de cette marchandise.
De[6] nul d'eux n'est souvent la province conquise :
Un quart voleur survient, qui les accorde net[7]
      En se saisissant du baudet.

---

1. *Enlevé :* volé; 2. Souvenir de Rabelais (*Tiers Livre*, VII) : « Car coups de poing trotteraient en face. » *Champions :* rivaux; diérèse *(champi-ons) ;* 3. *Aliboron :* l'âne; ce mot désigna d'abord les savants, puis les pédants et les sots; 4. *Province :* État; 5. Transylvanie, Turquie et Hongrie sont en conflit perpétuel. Le *quart voleur* (vers 13) désigne l'Empereur, qui en profite pour annexer la Transylvanie et la Hongrie après la victoire de Saint-Gothard (1664), à laquelle avait contribué une armée française; 6. *De :* par; 7. *Net :* on ne prononçait pas le *t ;* la rime est donc exacte.

--- **QUESTIONS** ---

Fable XIII : les Voleurs et l'Âne.

● VERS 1-6. La brièveté ôte-t-elle au récit tout son intérêt? Étudiez le pittoresque et l'art de suggérer dans les vers 2-3 (mètres, rythme, vocabulaire). Expliquez l'emploi du présent au vers 5.

● VERS 7-14. Comment le poète accorde-t-il l'histoire des voleurs et de l'âne et celle de la province? Comparez notamment les vers 1 et 7, 2 et 8, 6 et 14. — La morale donne-t-elle à la fable une portée très générale?

■ SUR L'ENSEMBLE DE LA FABLE XIII. — Comment est composée cette fable? Quelle est la part du récit et celle de la « morale »? Sur quel problème roule la morale? Ne pourrait-on parler ici d'une allégorie plutôt que d'une fable?

— La dédicace du recueil des *Fables* au Dauphin ne justifie-t-elle pas ce genre d'apologue?

XVI. — LA MORT ET LE BÛCHERON

Un pauvre Bûcheron, tout couvert de ramée[1],
Sous le faix du fagot aussi bien que des ans
Gémissant et courbé, marchait à pas pesants,
Et tâchait de gagner sa chaumine[2] enfumée.
5 Enfin, n'en pouvant plus d'effort et de douleur,
Il met bas son fagot, il songe à son malheur.
Quel plaisir a-t-il eu depuis qu'il est au monde?
En est-il un plus pauvre en la machine ronde[3]?
Point de pain quelquefois, et jamais de repos :
10 Sa femme, ses enfants, les soldats[4], les impôts,
      Le créancier et la corvée
Lui font d'un malheureux la peinture achevée.
Il appelle la Mort. Elle vient sans tarder,
      Lui demande ce qu'il faut faire.
15   « C'est, dit-il, afin de m'aider
A recharger ce bois; tu ne tarderas guère[6]. »

———

1. *Ramée* : branches coupées avec leurs touffes vertes; 2. *Chaumine* : habitation misérable; 3. *Machine ronde :* la terre; 4. *Les soldats* à loger (les casernes ne furent créées qu'en 1692); ils symbolisaient également le pillage; 5. *Corvée* : à l'origine, obligation pour les paysans de fournir un certain nombre de journées de travail au seigneur; elle fut par la suite remplacée par un impôt en argent; 6. Il ne te faudra pas longtemps.

——— QUESTIONS ———

Fable XVI : **la Mort et le Bûcheron.**

Source : *le Vieillard et la Mort.* — Un jour un vieillard, portant du bois qu'il avait coupé, faisait une longue route. Succombant à la fatigue, il déposa quelque part son fardeau, et il appelait la mort. La mort arriva et lui demanda pourquoi il l'appelait. Alors le vieillard épouvanté lui dit : « Pour que tu soulèves mon fardeau. » Cette fable montre que tout homme aime la vie, même s'il est malheureux et pauvre (Ésope, dans Nevelet, p. 208).

● Vers 1-4. Tout concourt à peindre l'accablement et la misère du personnage : montrez-le. Étudiez le rythme et les sonorités.

● Vers 5-12. La méditation est amenée d'une manière naturelle : par quel moyen? Montrez ce qu'il y a de profondément humain dans le vers 8. — Expliquez les termes de l'énumération des vers 10-11. Dans quel ordre sont-ils rangés? Ce malheureux est-il de tous les temps?

Le trépas vient tout guérir;
Mais ne bougeons d'où nous sommes :
Plutôt souffrir que mourir,
20   C'est la devise des hommes.

XVIII. — LE RENARD ET LA CIGOGNE

Compère[1] le Renard se mit un jour en frais
Et retint à dîner commère la Cigogne.
Le régal fut petit et sans beaucoup d'apprêts :
        Le galant[2], pour toute besogne[3],
5 Avait un brouet[4] clair; il vivait chichement.

---

1. *Compère* et *commère* : appellations populaires entre gens qui se connaissent
familièrement; 2. *Galant :* de « raffiné », « délicat », le terme est passé à un sens
ironique; 3. *Besogne :* affaire, chose; 4. *Brouet :* bouillon.

--- **QUESTIONS** ---

● Vers 13-20. Quel sens donnez-vous aux vers 15-16? Les attendiez-
vous? — La portée générale de la morale.

■ Sur l'ensemble de la fable XVI. — Comparez cette fable à celle
d'Ésope. Comment La Fontaine l'imite-t-il?
— Selon Louis Racine, dans ses *Mémoires*, Boileau trouvait cette
fable « languissante » et il refit lui-même une fable sur le même sujet;
la voici, telle qu'elle parut dans ses *Poésies diverses* en 1670 :

Le dos chargé de bois et le corps tout en eau,
Un pauvre bûcheron, dans l'extrême vieillesse,
Marchait en haletant de peine et de détresse.
Enfin, las de souffrir, jetant là son fardeau,
Plutôt que de s'en voir accablé de nouveau,
Il souhaite la Mort, et cent fois il l'appelle.
La Mort vint à la fin. « Que veux-tu? cria-t-elle.
— Quoi? Moi! dit-il alors, prompt à se corriger,
        Que tu m'aides à me charger. »

Jugez-vous ce poème supérieur à celui de La Fontaine?
— Composition de cette fable : le rythme du récit; le coup de théâtre
final.
— Les différentes péripéties et les tons successivement adoptés.
Montrez que le récit retient l'intérêt plus que la moralité.
— L'accent de sincérité de La Fontaine; quelle peut être la part
d'observation personnelle dans cette fable?

Fable XVIII : **le Renard et la Cigogne.**

● Vers 1-8. La ruse est-elle ici le trait de caractère essentiel du renard?
Ne fait-il pas penser à Harpagon? Relevez les traits qui le montrent.
Étudiez les sonorités du vers 8 et montrez ce qu'elles ont d'expressif.

Ce brouet fut par lui servi sur une assiette :
La Cigogne au long bec n'en put attraper miette ;
Et le drôle eut lapé le tout en un moment.
    Pour se venger de cette tromperie,
10 A quelque temps de là la Cigogne le prie[1].
  « Volontiers, lui dit-il ; car avec mes amis
      Je ne fais point cérémonie. »
    A l'heure dite, il courut au logis
      De la Cigogne son hôtesse ;
15   Loua très fort la[2] politesse ;
      Trouva le dîner cuit à point ;
Bon appétit surtout ; renards n'en manquent point.
Il se réjouissait à l'odeur de la viande
Mise en menus morceaux, et qu'il croyait friande[3].
20   On servit, pour l'embarrasser,
En un vase à long col et d'étroite embouchure.
Le bec de la Cigogne y pouvait bien passer ;
Mais le museau du sire était d'autre mesure.
Il lui fallut à jeun retourner au logis,
25 Honteux comme un renard qu'une poule aurait pris,
    Serrant la queue et portant bas l'oreille.

      Trompeurs, c'est pour vous que j'écris :
      Attendez-vous à la pareille.

---

1. *Prier* : inviter ; 2. Éditions de 1668 et 1669 : *sa* politesse ; 3. *Friand* : savoureux.

——— **QUESTIONS** ———

● VERS 9-26. Le lecteur devine-t-il ce qui va se passer (vers 9) ? D'où vient alors l'intérêt des vers 10-19 ? Montrez que tout est préparé pour accentuer la déconvenue du renard. Pourquoi n'a-t-il pas pressenti que la cigogne allait lui jouer un mauvais tour ? — Comment peut-on expliquer, au vers 15, que La Fontaine ait mis *la* à la place de *sa* ? Quel est l'effet produit ? — Quelle impression veut donner le vers 21 (longueur, rythme) ? — Montrez, à propos des vers 25-26, comment La Fontaine excelle à peindre le moral par le physique.

● VERS 27-28. A quoi tient le tour très vif de la moralité ?

■ SUR L'ENSEMBLE DE LA FABLE XVIII. — Le pittoresque dans cette fable : montrez qu'il contribue à la clarté et pas seulement à l'agrément. L'humour et l'ironie dans cette fable.

— Pourquoi La Fontaine, s'écartant de Phèdre — son modèle possible —, ne fait-il pas tirer la morale par la cigogne ?

XIX. — L'ENFANT ET LE MAÎTRE D'ÉCOLE

Dans ce récit je prétends faire voir
D'un certain sot la remontrance vaine.
Un jeune enfant dans l'eau se laissa choir
En badinant[1] sur les bords de la Seine.
5   Le ciel permit qu'un saule se trouva[2],
Dont le branchage, après Dieu, le sauva.
S'étant pris[3], dis-je, aux branches de ce saule,
Par cet endroit passe un maître d'école;
L'enfant lui crie : « Au secours! je péris! »
10   Le magister[4], se tournant à ses cris,
D'un ton fort grave à contretemps s'avise
De le tancer[5] : « Ah! le petit babouin!
Voyez, dit-il, où l'a mis sa sottise!
Et puis prenez de tels fripons le soin!
15   Que les parents sont malheureux, qu'il faille
Toujours veiller à semblable canaille[6]!

---

1. *Badiner :* jouer; **2.** Le XVIIᵉ siècle admettait ici l'indicatif — le fait exprimé étant réel — quand aujourd'hui le subjonctif est seul admis; **3.** Le participe renvoie au sujet de la phrase précédente, *le jeune enfant;* cette construction n'est plus admise; **4.** *Magister :* pédant de bas étage; **5.** *Tancer :* réprimander; **6.** *Canaille :* race méprisable.

——— QUESTIONS ———

Fable XIX : **l'Enfant et le Maître d'école.**

SOURCE : Un jour un enfant qui se baignait dans une rivière se vit en danger d'être noyé. Ayant aperçu un voyageur, il l'appela à son secours. Le voyageur lui reprocha sa témérité. « Ah! répliqua le jeune garçon, tire-moi d'affaire tout de suite; plus tard, quand tu m'auras sauvé, tu me feras des reproches. » Cette fable s'adresse aux gens qui fournissent contre eux-mêmes des raisons de les maltraiter (Ésope, fable 310, qui ne se trouve pas dans Nevelet).

● VERS 1-9. Sur quel ton commence le récit (vers 1-2)? Est-il courant que le narrateur intervienne ainsi dans la fable? — Le récit de l'accident : relevez tous les détails et toutes les expressions qui ramènent l'événement à un fait divers sans gravité. Quel effet produit le cri tragique de l'enfant (vers 9)? — Le saule n'est-il qu'un élément du décor? Comment les vers 6 et 7 soulignent-ils son rôle?

● VERS 10-18. Le discours du magister : les idées, le ton; imaginez ses gestes. — Quelle est la part que l'on peut faire à la déformation professionnelle chez ce médiocre? Que révèle du personnage ce discours? A quel trait pouvons-nous voir l'opinion de La Fontaine? — Le vers 18 : attendait-on un autre dénouement? Après ce long discours, que prouve la rapidité de ce vers?

Qu'ils ont de maux ! et que je plains leur sort ! »
Ayant tout dit, il mit l'enfant à bord.

Je blâme ici plus de gens qu'on ne pense.
20   Tout babillard, tout censeur, tout pédant,
Se peut connaître au discours¹ que j'avance.
Chacun des trois fait un peuple fort grand :
Le Créateur en a béni l'engeance².
En toute affaire ils ne font que songer
25   Au moyen d'exercer leur langue.
Hé ! mon ami, tire-moi de danger ;
              Tu feras, après, ta harangue.

XXII. — LE CHÊNE ET LE ROSEAU

Le Chêne, un jour, dit au Roseau :
« Vous avez bien sujet d'accuser la nature ;
Un roitelet pour vous est un pesant fardeau ;
              Le moindre vent qui d'aventure³
5   Fait rider la face de l'eau,

---

1. Peut se reconnaître dans les propos; **2.** *Engeance :* race (terme péjoratif);
3. *D'aventure :* par hasard.

--- **QUESTIONS** ---

● VERS 19-27. Comment la moralité élargit-elle le récit sans cependant s'en détacher (vers 20 et 25-27)? Pourquoi La Fontaine développe-t-il autant cette partie de la fable?

■ SUR L'ENSEMBLE DE LA FABLE XIX. — L'art du récit : justifiez ce qui n'est qu'évoqué; ce qui est abondamment développé. L'enfant est-il réellement en péril grave (vers 5-6)? Quel est l'intérêt de ce détail?

— La Fontaine dénonce-t-il le pédantisme et les vains discours dans cette seule fable? Molière ne s'est-il pas attaqué, lui aussi, mais sous un autre angle, au même défaut? Cette rencontre est-elle un pur hasard?

Fable XXII : le Chêne et le Roseau.

SOURCE : *le Roseau et l'Olivier.* — Le roseau et l'olivier se querellaient au sujet de leur résistance, de leur force, de la tranquillité de leur vie. Comme l'olivier invectivait le roseau, lui reprochant d'être faible et de céder facilement à tous les vents, celui-ci resta sans mot dire. Il n'attendit pas longtemps. Un vent violent ayant soufflé, le roseau, qui était secoué et ployait sous la tempête, se tira d'affaire facilement. L'olivier au contraire, qui s'était raidi contre le vent, fut brisé brutalement. Cette fable signifie que ceux qui ne résistent pas aux circonstances et aux puissants sont dans une condition meilleure que ceux qui entrent en lutte contre les forts (Ésope, dans Nevelet, p. 205).

Vous oblige à baisser la tête ;
Cependant que mon front, au Caucase pareil,
Non content d'arrêter les rayons du soleil,
Brave l'effort de la tempête.
10 Tout vous est aquilon, tout me semble zéphyr[1].
Encor si vous naissiez à l'abri du feuillage
Dont je couvre le voisinage,
Vous n'auriez pas tant à souffrir,
Je vous défendrais de l'orage :
15 Mais vous naissez le plus souvent
Sur les humides bords des royaumes du vent.
La nature envers vous me semble bien injuste.
— Votre compassion, lui répondit l'arbuste,
Part d'un bon naturel ; mais quittez ce souci :
20 Les vents me sont moins qu'à vous redoutables ;
Je plie, et ne romps pas. Vous avez jusqu'ici
Contre leurs coups épouvantables
Résisté sans courber le dos ;
Mais attendons la fin. » Comme il disait ces mots,
25 Du bout de l'horizon accourt avec furie
Le plus terrible des enfants
Que le Nord eût portés jusque-là dans ses flancs.
L'arbre tient bon, le Roseau plie.
Le vent redouble ses efforts
30 Et fait si bien qu'il déracine
Celui de qui la tête au ciel était voisine
Et dont les pieds touchaient à l'empire des morts[2].

---

1. *Aquilon* : vent du nord, froid et violent. Le *zéphyr* était un vent d'ouest, léger et doux ; 2. Souvenir de Virgile (*Énéide*, IV, vers 445-446 : « Autant de la cime il s'élance vers le ciel, autant de ses racines il plonge vers le Tartare. »).

━━━━━ QUESTIONS ━━━━━

● Vers 1-17. Le discours du chêne : quel en est le thème général ? Sur quel ton s'exprime-t-il ? Cherchez dans le vocabulaire, les rimes et les sonorités (vers 7-9) ce qui trahit la puissance orgueilleuse et satisfaite du chêne. — Relevez tout ce qu'il y a de blessant dans cette tirade. Quels sont les différents arguments avancés ? Quel caractère le chêne montre-t-il ? — La beauté poétique et indécise du vers 16.

● Vers 18-24. La réponse du roseau : relevez tout ce qui, dans les termes, le ton, le rythme, marque une tranquille ironie. La simplicité de son langage. Faites un parallèle entre les deux discours.

● *Les questions relatives à la fin de cette fable et à son ensemble se trouvent page 53.*

LIVRE DEUXIÈME

I. — CONTRE CEUX QUI ONT LE GOÛT DIFFICILE

Quand j'aurais en naissant reçu de Calliope[1]
Les dons qu'à ses amants[2] cette Muse a promis,
Je les consacrerais aux mensonges[3] d'Ésope :
Le mensonge et les vers de tout temps sont amis.
5 Mais je ne me crois pas si chéri du Parnasse[4]
Que de[5] savoir orner toutes ces fictions.
On peut donner du lustre à leurs inventions :
On le peut, je l'essaie; un plus savant le fasse[6].
Cependant jusqu'ici d'un langage nouveau
10 J'ai fait parler le Loup et répondre l'Agneau.

---

1. *Calliope :* muse de la poésie épique, genre alors considéré comme le plus relevé; 2. *Amant :* celui qui aime et est aimé; le poète est l'amant des Muses; 3. *Mensonge :* fiction (voir vers 6); 4. *Le Parnasse :* chaîne de montagnes en Grèce, où la mythologie plaçait le séjour d'Apollon et des neuf Muses; 5. *Si... que de :* assez... pour; 6. Qu'un plus savant...

QUESTIONS

● Vers 24-32. Comment l'événement s'enchaîne-t-il à la discussion qui le précède? Montrez que le vent est au centre de la discussion; soulignez qu'ainsi son arbitrage était nécessaire et attendu. — Essayez de retrouver les phases du drame, avec ses nuances d'intensité dans le rythme des vers et le jeu des changements de mètres.

■ Sur l'ensemble de la fable XXII. — Montrez que les qualités poétiques de ce texte atteignent soit au lyrisme, soit même à la vision épique.

— Les qualités dramatiques du récit : montrez qu'il s'agit ici d'une tragédie, dans laquelle le vent joue le rôle de la fatalité.

— La moralité est-elle exprimée? Essayez d'en dégager une qui se situe sur le plan de la morale et non de l'efficacité pratique. Pourquoi La Fontaine n'a-t-il pas repris celle d'Ésope?

Fable I : **Contre ceux qui ont le goût difficile.**

● Vers 1-16. N'y a-t-il que modestie chez le poète dans ce prologue? Que cherche-t-il à démontrer? — En quoi le vers 4 joue-t-il sur deux portées différentes du même mot? — Précisez les allusions faites ici par l'auteur aux fables du premier livre (vers 10-12). — En quoi le vers 13 (avec le sens de l'époque pour *enchantement*) appelle-t-il les vers 14 à 16 pour rétablir l'équilibre tout en ne démentant rien?

J'ai passé plus avant[1]; les arbres et les plantes
Sont devenus chez moi créatures parlantes.
Qui ne prendrait ceci pour un enchantement?
      « Vraiment, me diront nos critiques
15   Vous parlez magnifiquement
        De cinq ou six contes d'enfant.
    — Censeurs, en voulez-vous qui soient plus authentiques[2]
Et d'un style plus haut? En voici. Les Troyens,
Après dix ans de guerre autour de leurs murailles,
20 Avaient lassé les Grecs, qui, par mille moyens,
        Par mille assauts, par cent batailles,
N'avaient pu mettre à bout cette fière cité,
Quand un cheval de bois, par Minerve[3] inventé,
        D'un rare et nouvel artifice[4],
25 Dans ses énormes flancs reçut le sage Ulysse,
Le vaillant Diomède, Ajax[5] l'impétueux,
        Que ce colosse monstrueux
Avec leurs escadrons[6] devait porter dans Troie,
Livrant à leur fureur ses dieux mêmes en proie :
30 Stratagème inouï, qui des fabricateurs[7]
        Paya la constance et la peine...
    — C'est assez, me dira quelqu'un de nos auteurs :
La période[8] est longue, il faut reprendre haleine;
        Et puis, votre cheval de bois,
35   Vos héros avec leurs phalanges,
        Ce sont des contes plus étranges
Qu'un renard qui cajole un corbeau sur sa voix.

---

1. Je suis allé plus loin; **2.** *Authentique :* grandiose et de plus de poids; **3.** *Minerve :* déesse de la Sagesse, dans l'Antiquité, favorable aux Grecs dans la guerre de Troie; **4.** *Artifice :* création de l'art de l'habileté, sans idée péjorative; **5.** *Ulysse, Diomède, Ajax :* trois des héros grecs de *l'Iliade ;* **6.** *Escadron :* troupe (voir *phalange,* vers 35); **7.** *Fabricateur :* ouvrier, artisan; **8.** *Période :* phrase harmonieuse, de structure complexe, généralement longue (terme de rhétorique).

━ QUESTIONS ━

● Vers 17-31. Quel style La Fontaine veut-il parodier ici? Montrez-le en étudiant le choix du sujet, le mouvement, le vocabulaire, le rythme et les sonorités. — Comment l'emploi de l'octosyllabe ici a-t-il une valeur satirique? La majesté du récit en est-elle affectée? Pourquoi?

● Vers 32-38. En quoi l'interruption (vers 32) et le reproche qu'elle contient sont-ils particulièrement comiques à ce moment? Quelles sont les critiques formulées aux vers 32-38? Appréciez chacune à sa valeur. Sur quels plans se situent-elles? — La dernière critique (vers 38) ne se retourne-t-elle pas contre le censeur qui la formule?

De plus, il vous sied mal d'écrire en si haut style. »
Eh bien! baissons d'un ton. La jalouse Amarylle[1]
40 Songeait à son Alcippe et croyait de ses soins[2]
N'avoir que ses moutons et son chien pour témoins.
Tircis, qui l'aperçut, se glisse entre des saules;
Il entend la bergère adressant ces paroles
Au doux Zéphyr, et le priant
45 De les porter à son amant...
« Je vous arrête à cette rime[3],
Dira mon censeur à l'instant;
Je ne la tiens pas légitime,
Ni d'une assez grande vertu[4] :
50 Remettez, pour le mieux, ces deux vers à la fonte[5]. »
Maudit censeur! te tairas-tu?
Ne saurais-je achever mon conte?
C'est un dessein très dangereux
Que d'entreprendre de te plaire.

55 Les délicats sont malheureux :
Rien ne saurait les satisfaire.

---

1. *Amarylle, Alcippe, Tircis* : bergère et bergers des poésies pastorales; 2. *Soins* : soucis; 3. C'est-à-dire la rime *-iant, -mant*; 4. *Vertu* : valeur, effet; 5. Pour les *refondre.*

──────── QUESTIONS ────────────────────

● VERS 39-50. La parodie de la poésie pastorale. Comparez ce début d'églogue à la littérature précieuse : sujet, vocabulaire, ton. — La Fontaine dédaigne-t-il toujours ce style? Cherchez des œuvres du poète qui sacrifient à ce genre d'inspiration. Sa connaissance du poète latin Virgile ne pouvait-elle pas lui faciliter l'adaptation? — Quelle est la valeur de l'objection formulée ici contre la rime?

● VERS 51-56. Que veut démontrer ici La Fontaine? Que défend-il? Soulignez l'ironie, l'impatience dans ces derniers vers.

■ SUR L'ENSEMBLE DE LA FABLE PREMIÈRE. — L'art de conduire avec naturel, vivacité et enjouement le dialogue avec un interlocuteur supposé.

— Le poète a-t-il eu raison d'éviter les genres qu'il parodie? Comment présente-t-il la défense de la fable? Pourquoi marque-t-il plus de fermeté ici que dans la Préface?

— Quelle catégorie de lecteurs est visée ici? Comparez l'attitude de La Fontaine à celle des auteurs dramatiques de l'époque à l'égard des doctes. Rapprochez cette fable de la moralité qui clôt *l'Enfant et le Maître d'école* (I, XIX). Montrez que les deux apologues aboutissent à une moralité de même nature.

II. — CONSEIL TENU PAR LES RATS

Un Chat, nommé Rodilardus[1],
　　Faisait des Rats telle déconfiture[2]
　　　Que l'on n'en voyait presque plus,
　Tant il en avait mis dedans la sépulture.
5　Le peu qu'il en restait, n'osant quitter son trou,
　　Ne trouvait à manger que le quart de son soûl,
　　Et Rodilard passait, chez la gent[3] misérable,
　　　　Non pour un chat, mais pour un diable.
　　　　Or un jour qu'au haut et au loin
10　　　Le galant alla chercher femme,
　Pendant tout le sabbat[4] qu'il fit avec sa dame,
　Le demeurant[5] des Rats tint chapitre[6] en un coin
　　　　Sur la nécessité[7] présente.
　Dès l'abord, leur Doyen, personne fort prudente,
15　Opina qu'il fallait, et plus tôt que plus tard,
　Attacher un grelot au cou de Rodilard;

---

1. *Rodilardus* : nom emprunté à Rabelais *(ronge-lard)* ; **2.** *Déconfiture* : déroute d'une armée; **3.** *Gent* : nation, race; *misérable* : digne de pitié; **4.** *Sabbat* : bruit épouvantable, comme celui que faisait une réunion nocturne de sorciers; **5.** *Le demeurant* : le reste; **6.** *Chapitre* : assemblée de chanoines présidée par un *doyen* (vers 14); **7.** *Nécessité* : situation critique.

───── **QUESTIONS** ─────

Fable II : **Conseil tenu par les Rats.**

Source : *Les Souris qui voulaient pendre une sonnette au cou du Chat.* — Les souris s'étant réunies se demandaient par quel moyen ingénieux elles pourraient éviter les pièges du chat. L'une d'elles, qui surpassait les autres en âge et en expérience : « J'ai trouvé, dit-elle, le moyen d'échapper sans dommage à de tels dangers, si vous voulez m'écouter. Pendons à son cou un grelot. En sonnant, il nous avertira de l'approche du chat. » Toutes, d'une seule voix, approuvèrent cet avis si salutaire et dirent qu'il fallait s'y conformer. Mais un vieux rat se leva et demanda le silence : « Moi aussi, j'approuve ta proposition. Mais qui sera celui qui osera pendre le grelot au cou du chat? » Et comme tous déclinaient cette mission, l'avis resta sans effet. Cette fable signifie que beaucoup approuvent ce qu'il faut faire, mais que bien peu veulent l'accomplir (Abstémius, dans Nevelet, p. 616).

● Vers 1-13. Étudiez les procédés utilisés dans la peinture de Rodilardus pour parodier l'héroïsme épique. — Comment apparaît l'ironie du fabuliste au vers 8? — Recherchez les effets de contraste qui opposent les vers 9-11 aux vers 11-12 : quel rythme et quel vocabulaire s'appliquent à Rodilardus? Pourquoi l'hiatus du vers 9? Analysez l'impression que laisse la situation des rats, notamment l'indication piteuse *(Le demeurant)* qui rappelle le vers 2 et le vers 5. Pourquoi qualifier l'assemblée des rats de *chapitre?*

PORTRAIT DE LA FONTAINE PAR DE TROY
Bibliothèque de Genève.

Qu'ainsi, quand il irait en guerre,
De sa marche avertis, ils s'enfuiraient en terre;
Qu'il n'y savait[1] que ce moyen.
20 Chacun fut de l'avis de Monsieur le Doyen :
Chose[2] ne leur parut à tous plus salutaire.
La difficulté fut d'attacher le grelot.
L'un dit : « Je n'y vas[3] point, je ne suis pas si sot. »
L'autre : « Je ne saurais. » Si bien que sans rien faire
25 On se quitta. J'ai maints chapitres vus[4]
Qui pour néant se sont ainsi tenus;
Chapitres, non de rats, mais chapitres de moines,
Voire[5] chapitres de chanoines.

Ne faut-il que délibérer,
30 La cour[6] en conseillers foisonne :
Est-il besoin d'exécuter,
L'on ne rencontre plus personne.

---

1. *Savoir :* connaître; *y :* à cette affaire; **2.** *Chose :* rien (archaïque); **3.** *Vas :* forme correcte au XVIIᵉ siècle, parallèle à *vais* (voir *le Loup et l'Agneau*, I, x, vers 13); **4.** Place archaïque du participe passé, suivant le complément; **5.** *Voire :* et même; **6.** *La cour :* l'assemblée de ceux qui délibèrent.

──────── **QUESTIONS** ────────

● Vers 14-21. Commentez le discours du doyen : par quels procédés sont mises en relief la gravité du ton et la gravité du personnage? A la lumière du discours, quel jugement portez-vous sur cette *personne fort prudente?* Qu'apporte sur ce plan l'emploi du style indirect? D'où vient l'effet comique qui lie les vers 20-21 au vers 19?

● Vers 22-28. Soulignez : le parallélisme et le contraste avec les vers précédents (le vers 22 et les vers 20-21); le style direct des vers 23-24, opposé au discours du doyen; la rapidité avec laquelle ce chapitre se termine, opposée aux vers 12-15. — Montrez l'amusement du conteur sous l'apparence désabusée de la moralité immédiate (vers 25-28).

● Vers 29-33. Rapprochez cette fable de *l'Enfant et le Maître d'école* (I, XIX). Les préoccupations politiques sont-elles absentes ici? S'agit-il du même thème que dans *les Voleurs et l'Âne* (I, XIII)?

■ Sur l'ensemble de la fable II. — Les archaïsmes dans cette fable : leur rôle; leur adaptation au sujet et aux personnages mis en scène; quel effet burlesque en résulte?

— Le ton du récit : La Fontaine attache-t-il beaucoup d'importance à la moralité ou bien s'est-il plu surtout à raconter?

— Comment prépare-t-il le trait final?

— Étudiez le rôle de l'octosyllabe, notamment d'après les vers 13, 19, 28 et 29-32.

V. — LA CHAUVE-SOURIS ET LES DEUX BELETTES

Une Chauve-Souris donna tête baissée
Dans un nid de Belette; et, sitôt qu'elle y fut,
L'autre, envers les souris de longtemps courroucée,
    Pour la dévorer accourut.
5 « Quoi! vous osez, dit-elle, à mes yeux vous produire,
Après que votre race a tâché de me nuire!
N'êtes-vous pas souris? Parlez sans fiction[1].
Oui, vous l'êtes; ou bien je ne suis pas belette.
    — Pardonnez-moi, dit la pauvrette,
10   Ce n'est pas ma profession[2].
Moi, souris! des méchants vous ont dit ces nouvelles.
    Grâce à l'auteur de l'univers,
    Je suis oiseau; voyez mes ailes :
    Vive la gent[3] qui fend les airs! »
15   Sa raison plut et sembla bonne.
    Elle fait si bien qu'on lui donne
    Liberté de se retirer.
    Deux jours après, notre étourdie
    Aveuglément se va fourrer
20 Chez une autre Belette aux oiseaux ennemie.
La voilà derechef[4] en danger de sa vie.
La dame du logis avec son long museau
S'en allait la croquer en qualité d'oiseau,
Quand elle protesta[5] qu'on lui faisait outrage :
25 « Moi, pour telle[6] passer! Vous n'y regardez pas.

---

1. *Sans fiction* : sans inventer de mensonge; 2. *Profession* : ce que l'on déclare être; 3. *Gent* : nation, race (voir *Conseil tenu par les Rats*, II, II, vers 7); 4. *Derechef* : à nouveau; 5. *Protester* : affirmer solennellement; 6. *Telle*, au féminin, est accordé avec le sujet *moi* (la chauve-souris), mais l'adjectif représente un nom masculin *(oiseau)*.

─────────── QUESTIONS ───────────

Fable V : **la Chauve-Souris et les Deux Belettes.**

● VERS 1-17. Comment les quatre premiers vers peignent-ils les deux bêtes en présence, chacune par un trait caractéristique? — L'énergie des termes et du rythme dans l'apostrophe de la belette : n'y a-t-il pas quelque ressemblance (vers 5-6) avec la façon dont le loup s'adresse à l'agneau (I, x)? Pourquoi? — Habileté et mensonge dans les paroles de la chauve-souris (vers 9-14). — Comparez la crédulité de la belette avec son énergie antérieure (vers 15-17) : ces deux attitudes sont-elles conciliables?

> Qui[1] fait l'oiseau? c'est le plumage.
> Je suis souris : vivent les rats!
> Jupiter confonde[2] les chats! »
> Par cette adroite repartie

30
> Elle sauva deux fois sa vie.

Plusieurs se sont trouvés qui, d'écharpe changeants[3],
Aux dangers, ainsi qu'elle, ont souvent fait la figue[4].
> Le sage dit, selon les gens :
> Vive le Roi! vive la Ligue!

---

1. *Qui :* qu'est-ce qui; 2. *Confondre :* mettre la confusion parmi les chats. Au XVIIe siècle, le subjonctif de souhait sans *que* est fréquent; 3. Pendant les guerres de Religion, les différents partis se reconnaissaient à leur écharpe. Au XVIIe siècle, le participe présent peut encore être variable; 4. *Faire la figue :* narguer (familier).

——— **QUESTIONS** ———

● VERS 18-30. Le parallélisme des deux épisodes exclut-il la variété? Comparez-les. Pourquoi la chauve-souris a-t-elle tant d'assurance, alors qu'elle était plutôt timide la première fois?

● VERS 31-34. Faut-il donner au mot *sage* son sens ordinaire? Est-ce la *sagesse* que conseille La Fontaine? Songez à la fidélité qu'il garde à Fouquet dans sa disgrâce. — L'allusion aux guerres civiles du XVIe siècle gardait-elle une valeur d'actualité pour le lecteur de 1668? et pour le lecteur d'aujourd'hui?

■ SUR L'ENSEMBLE DE LA FABLE V. — Quelle est l'opinion de La Fontaine sur la chauve-souris? Propose-t-il ici un modèle ou nous expose-t-il une façon courante d'agir?

— Qu'apporte l'emploi du style direct pour la vivacité du récit et la compréhension du jeu que joue la chauve-souris?

— La belette : comment La Fontaine utilise-t-il, en les dissociant, les deux catégories essentielles de gibier que chasse le carnassier?

TÊTES DE LIONS. ÉTUDES PAR LE PEINTRE CHARLES LE BRUN (1619-1690)

IX. — LE LION ET LE MOUCHERON

« Va-t'en, chétif insecte, excrément[1] de la terre! »
        C'est en ces mots que le Lion
        Parlait un jour au Moucheron.
        L'autre lui déclara la guerre.
5 « Penses-tu, lui dit-il, que ton titre de roi
        Me fasse peur ni me soucie[2]?
        Un bœuf est plus puissant que toi;
        Je le mène à ma fantaisie. »
        A peine il achevait ces mots
10   Que, lui-même, il sonna la charge,
        Fut le trompette et le héros.
        Dans l'abord il se met au large[3];
        Puis prend son temps[4], fond sur le cou
        Du lion, qu'il rend presque fou.
15 Le quadrupède écume, et son œil étincelle;
        Il rugit; on se cache, on tremble à l'environ :

---

1. *Excrément*. Ce terme n'a pas la valeur vigoureuse qu'il a prise depuis; cela peut être un souvenir de Malherbe, s'adressant à Concini, maréchal d'Ancre : « Va-t'en à la malheure, excrément de la terre! », ou bien ce terme rappelle cette croyance contemporaine que certains animaux naissaient des fermentations (animales ou végétales) à la surface du sol; 2. *Soucier :* inquiéter; 3. Comme dans un tournoi, il recule à une distance réglementaire, avant l'attaque; 4. Choisit le moment favorable.

QUESTIONS

Fable IX : **le Lion et le Moucheron.**

Source : *le Cousin et le Lion.* — Un moucheron s'approchant d'un lion lui dit : « Je ne te crains point et tu n'es pas plus fort que moi. Au reste, en quoi consiste ta force? Tu déchires avec tes ongles, et avec tes dents tu mords? Mais une femme qui se bat avec son mari en fait autant. Eh bien moi, je suis beaucoup plus fort que toi. Et si tu veux, commençons. » Là-dessus le moucheron sonne de la trompette. Il s'attaque à son ennemi en mordant autour du nez le mufle dégarni de poils. Le lion de ses propres griffes se déchirait à en être fou de rage. Le moucheron, étant venu à bout de lui, sonna de la trompette et entonna un chant de victoire, puis s'envola. Mais il s'embarrassa dans le filet d'une araignée, et, tandis qu'elle le dévorait, il se lamentait de ce que, après avoir lutté contre un très puissant ennemi, il succombait du fait d'un vil insecte, d'une araignée. Cette fable s'applique à ceux qui, après avoir abattu les puissants, sont abattus par les petits (Ésope, dans Nevelet, p. 210).

● Vers 1-8. A quoi voit-on que le premier vers est la conclusion d'une discussion? Quelle est l'importance de ce fait pour la rapidité du récit? Comparez les paroles et le ton des deux personnages : que nous apprennent-ils sur leur caractère?

Et cette alarme universelle
Est l'ouvrage d'un moucheron.
Un avorton de mouche en cent lieux le harcelle,
20 Tantôt pique l'échine, et tantôt le museau,
Tantôt entre au fond du naseau.
La rage alors se trouve à son faîte montée.
L'invisible ennemi triomphe, et rit de voir
Qu'il n'est griffe ni dent en la bête irritée
25 Qui de la mettre en sang ne fasse son devoir.
Le malheureux Lion se déchire lui-même,
Fait résonner sa queue à l'entour de ses flancs,
Bat l'air, qui n'en peut mais[1]; et sa fureur extrême
Le fatigue, l'abat : le voilà sur les dents[2].
30 L'insecte du combat se retire avec gloire :
Comme il sonna la charge, il sonne la victoire,
Va partout l'annoncer, et rencontre en chemin
L'embuscade d'une araignée;
Il y rencontre aussi sa fin.

35 Quelle chose par là nous peut être enseignée?
J'en vois deux, dont l'une est qu'entre nos ennemis
Les plus à craindre sont souvent les plus petits;
L'autre, qu'aux grands périls tel a pu se soustraire
Qui périt pour la moindre affaire.

_____

1. Qui n'y peut rien; 2. A bout de forces et impuissant.

━━━━━ **QUESTIONS** ━━━━━

● Vers 9-29. Par quels procédés La Fontaine évoque-t-il le combat? Quelles en sont les différentes phases? Que nous montre-t-il surtout? Soulignez tous les éléments qui marquent la disproportion entre le moucheron et le lion. Étudiez les coupes aux vers 12-14; valeur de l'enjambement aux vers 13-14. Quelle est l'utilité de l'allusion au monde extérieur (vers 16)? — Comment le poète peint-il la rage, puis la défaite du lion?

● Vers 30-38. Quel rebondissement imprévu se produit? Quel trait de caractère du moucheron trouve ici sa punition? — Comment sont liées les deux moralités? Quel effet produit, après le récit, l'intervention personnelle de La Fontaine et la nonchalance du rythme dans la moralité?

■ Sur l'ensemble de la fable IX. — Étudiez la composition de la fable en insistant sur la progression dramatique.

— Montrez qu'elle repose sur des données épiques (sujet, personnages, vocabulaire, etc.); quels symboles les trois personnages (le lion, le moucheron, l'araignée) représentent-ils?

— Étudiez les changements de mètres et de rythme. Ne correspondent-ils pas généralement aux péripéties du combat?

XI et XII. — LE LION ET LE RAT
LA COLOMBE ET LA FOURMI

Il faut, autant qu'on peut, obliger tout le monde :
On a souvent besoin d'un plus petit que soi.
De cette vérité deux fables feront foi,
       Tant la chose en preuves abonde.

5   Entre les pattes d'un Lion
Un Rat sortit de terre assez à l'étourdie.
Le roi des animaux, en cette occasion,
Montra ce qu'il était et lui donna la vie.
      Ce bienfait ne fut pas perdu.
10   Quelqu'un aurait-il jamais cru
      Qu'un lion d'un rat eût affaire[1]?
Cependant il avint[2] qu'au sortir des forêts
      Ce Lion fut pris dans des rets[3],
Dont ses rugissements ne le purent défaire.
15 Sire Rat accourut et fit tant par ses dents
Qu'une maille rongée emporta tout l'ouvrage.

      Patience et longueur de temps
      Font plus que force ni que rage.

<center>
* *</center>

L'autre exemple est tiré d'animaux plus petits.

20 Le long d'un clair ruisseau buvait une Colombe,

---

1. *Affaire* : besoin; 2. *Avenir* : arriver (conformément à l'étymologie, s'écrivait également *advenir*, le *d* ne se prononçant pas — forme qui est restée); 3. *Rets* : filets.

——— **QUESTIONS** ———

Fable XI : le Lion et le Rat.

● Vers 1-4. Le précepte moral prend-il une valeur différente quand il est placé avant la fable? Cherchez d'autres exemples de ce procédé de composition. — Connaissez-vous d'autres fables où La Fontaine revienne sur la même leçon? En quoi est-ce conforme à la personnalité du fabuliste?

● Vers 5-11. Quel aspect du caractère du lion est ici mis en relief? En quoi la périphrase qui désigne le lion (vers 7) est-elle particulièrement heureuse? — L'effet produit par les vers 10-11 : pour la vraisemblance (qui pose cette question?); pour la vivacité de l'histoire; pour la familiarité du ton.

● *Les questions relatives à la fin de la fable XI se trouvent p. 64*

Quand sur l'eau se penchant une Fourmis[1] y tombe,
Et dans cet océan l'on eût vu la Fourmis
S'efforcer, mais en vain, de regagner la rive.
La Colombe aussitôt usa de charité :
25 Un brin d'herbe dans l'eau par elle étant jeté,
Ce fut un promontoire où la Fourmis arrive.
Elle se sauve[2]. Et là-dessus
Passe un certain croquant[3] qui marchait les pieds nus.
Ce croquant, par hasard, avait une arbalète.
30   Dès qu'il voit l'oiseau de Vénus[4],
Il le croit en son pot et déjà lui fait fête.
Tandis qu'à le tuer mon villageois s'apprête,
La Fourmi le pique au talon.

---

1. *Fourmis* : orthographe archaïque et qui permet d'éviter l'hiatus (ici et au vers 8), de rimer pour l'œil au vers suivant; 2. *Se sauver* : échapper au péril; 3. *Croquant* : paysan (sens péjoratif); 4. La colombe est consacrée à Vénus.

QUESTIONS

● Vers 12-18. La mésaventure du lion (vers 12-14) est-elle racontée sur le même ton que celle du rat (vers 5-6)? En comparant le vers 12 et le vers 6, voit-on mieux la différence? — Effet produit par le vers 14 : que symbolisent les *rugissements?* — Comparez les vers 15-16 au passage suivant de la fable de Marot :

— Sire Lion, dit le fils de Souris, [...]
J'ai des couteaux assez, ne te soucie,
De bel os blanc, plus tranchants qu'une scie;
Leur gaine, c'est ma gencive et ma bouche :
Bien couperont la corde qui te touche
De si très près car j'y mettrai bon ordre. »
Lors Sire Rat va commencer à mordre
Ce gros lien; vrai est qu'il y songea
Assez longtemps, mais il vous le rongea
Souvent et tant qu'à la parfin tout rompt.

La concision de La Fontaine n'est-elle pas, elle aussi, expressive? — Les vers 17-18 expriment-ils une autre moralité, à proprement parler? En quoi se rattache-t-elle à ce qui précède?

■ Sur l'ensemble de la fable XI. — Quelle est la qualité essentielle de cette fable? Quel caractère prend le récit de ce fait?

Fable XII : la Colombe et la Fourmi.

● Vers 19-27. Comment La Fontaine fait-il sentir la petitesse de la fourmi? L'expression du pathétique (vocabulaire, rythme). Montrez-en la discrétion. — La poésie dans ce passage : les sonorités du vers 2; l'évocation de la grâce de la colombe. Soulignez l'adaptation des éléments matériels à la dimension des animaux.

Le vilain retourne la tête :
35 La Colombe l'entend, part et tire de long[1].
Le souper du croquant avec elle s'envole :
Point de pigeon pour une obole[2].

XV. — LE COQ ET LE RENARD

Sur la branche d'un arbre était en sentinelle
Un vieux Coq adroit et matois.
« Frère, dit un Renard, adoucissant sa voix,
Nous ne sommes plus en querelle :
5 Paix générale cette fois.
Je viens te l'annoncer; descends, que je t'embrasse :
Ne me retarde point, de grâce.
Je dois faire aujourd'hui vingt postes[3] sans manquer.
Les tiens et toi pouvez vaquer,
10 Sans nulle crainte, à vos affaires;
Nous vous y servirons en frères.
Faites-en les feux[4] dès ce soir,

---

1. S'enfuit; 2. Le croquant n'en aura même pas ce qu'on pourrait acheter pour une obole (petite monnaie de cuivre dans l'Antiquité grecque); 3. *Poste :* distance entre deux relais (deux lieues environ); 4. *Les feux* de joie.

——— QUESTIONS ———

● Vers 27-37. Relevez les traits de réalisme discret dans l'évocation du croquant et de ses projets : quelle est l'importance de l'indication donnée au vers 13? Comment ce trait réaliste arrive-t-il à s'harmoniser avec l'allusion mythologique *(l'oiseau de Vénus)* du vers précédent?
— La rapidité et la précision dans le petit drame (vers 14-17). L'amusement du fabuliste décrivant la situation finale (vers 18-19).

■ Sur l'ensemble de la fable XII. — Le récit : comment La Fontaine a-t-il accumulé les détails vraisemblables? Le pittoresque des évocations.
— La grâce et la poésie : quel animal choisi y invitait? Comment les sons et les rythmes s'harmonisent-ils avec le sujet?
— Les animaux de cette fable (ainsi que de la précédente) n'agissent-ils que par intérêt? N'y a-t-il pas ici un certain optimisme chez La Fontaine?

Fable XV : **le Coq et le Renard.**

● Vers 1-14. Étudiez l'art de tromper dans le discours du renard. Pourquoi le renard reprend-il avec tant d'insistance le même mot (vers 3, 11 et 14)? Comment justifie-t-il sa hâte?

Et cependant⁴ viens recevoir
Le baiser d'amour fraternelle².
15 — Ami, reprit le Coq, je ne pouvais jamais
Apprendre une plus douce et meilleure nouvelle
Que celle
De cette paix ;
Et ce m'est une double joie
20 De la tenir de toi. Je vois deux Lévriers,
Qui, je m'assure³, sont courriers⁴
Que pour ce sujet on envoie :
Ils vont vite et seront dans un moment à⁵ nous.
Je descends : nous pourrons nous entrebaiser tous.
25 — Adieu, dit le Renard ; ma traite est longue à faire :
Nous nous réjouirons du succès de l'affaire
Une autre fois. » Le galant⁶ aussitôt
Tire ses grègues⁷, gagne au haut,
Mal content de son stratagème.
30 Et notre vieux Coq en soi-même⁸
Se mit à rire de sa peur ;
Car c'est double plaisir de tromper le trompeur.

---

1. *Cependant* : entre-temps ; 2. *Amour*, au xvııᵉ siècle, restait féminin au singulier, en poésie, comme il l'est encore au pluriel de nos jours ; 3. J'en suis certain ; 4. *Courriers* : messagers. La suppression de l'article indéfini au pluriel est courante alors ; 5. *A* : auprès de ; 6. *Galant* : personnage rusé et sans scrupules (voir *le Renard et la Cigogne*, I, xvıı, vers 41) ; 7. S'enfuit. Pour courir on relevait ses chausses (*grègues*) ; l'expression suivante *(gagne au haut)* a le même sens ; 8. *Soi-même*. Ce pronom réfléchi pouvait encore s'employer pour renvoyer à une personne déterminée.

■━━━━━ **QUESTIONS** ━━━━━━━━━━━━━━

● Vers 15-32. Montrez que la réponse du coq est en accord avec le portrait du vers 2. Étudiez la forme des vers 15-20. — Le renard est-il pris au dépourvu ? Comment La Fontaine donne-t-il de la rapidité à la fin de la fable (vers 25-29) ? Comparez ces derniers vers à ceux qui terminent *le Renard et la Cigogne* (vers 24-28).

■ Sur l'ensemble de la fable XV. — Les caractères : la ruse du renard ; avoue-t-il sa défaite ? Pourquoi ? — Le coq est-il naïf ? Est-il très sûr de lui ? Montrez qu'ici La Fontaine reprend la psychologie populaire de cet animal ; cherchez-en la preuve dans le *Roman de Renart*, que le fabuliste ne connaissait probablement pas.

— La moralité : La Fontaine prétend-il nous proposer une morale élevée ? Quelle est la part de l'observation courante, de la malice populaire dans sa conclusion ?

LIVRE TROISIÈME

I. — LE MEUNIER, SON FILS ET L'ÂNE

À M. D. M.[1]

L'invention des arts étant un droit d'aînesse,
Nous devons l'apologue à l'ancienne[2] Grèce :
Mais ce champ ne se peut tellement moissonner
Que les derniers venus n'y trouvent à glaner.
5 La feinte[3] est un pays plein de terres désertes ;
Tous les jours nos auteurs y font des découvertes.
Je t'en veux dire un trait assez bien inventé ;
Autrefois à Racan[4] Malherbe l'a conté.
Ces deux rivaux d'Horace[5], héritiers de sa lyre,
10 Disciples d'Apollon, nos maîtres, pour mieux dire,
Se rencontrant un jour tout seuls et sans témoins,
(Comme ils se confiaient leurs pensers et leurs soins[6]),
Racan commence ainsi : « Dites-moi, je vous prie,
Vous qui devez savoir les choses de la vie,
15 Qui par tous ses degrés avez déjà passé,
Et que rien ne doit fuir[7] en cet âge avancé,
A quoi me résoudrai-je ? Il est temps que j'y pense.
Vous connaissez mon bien, mon talent, ma naissance[8] :
Dois-je dans la province établir mon séjour,
20 Prendre emploi dans l'armée, ou bien charge à la cour ?
Tout au monde est mêlé d'amertumes et de charmes :

---

1. *M. de* Maucroix, l'ami du poète, pour qui la fable aurait été écrite au moment où il hésitait sur le choix d'une carrière (1647) ; 2. *Ancienne :* notre aînée (correspond à *droit d'aînesse* du vers 1) ; 3. *Feinte :* fiction ; 4. *Racan :* poète (1589-1670), élève et ami de Malherbe (1555-1628) ; 5. *Horace :* poète latin de l'époque d'Auguste (65-8 avant J.-C.) ; 6. *Soins :* soucis ; 7. A qui rien ne doit échapper ; 8. *Talent :* aptitudes ; *naissance :* origine familiale.

■ QUESTIONS ■

Fable I : le Meunier, son Fils et l'Âne.

● VERS 1-26. La Fontaine se sent-il limité dans son imitation (vers 1-6) ? Comment le poète annonce-t-il l'intérêt psychologique de sa fable ? Montrez le naturel de cette conversation et le caractère concret du problème posé. — Quel est le ton de ce prologue ? — L'image que le poète nous donne de Malherbe et de Racan est-elle conforme à ce que nous savons de leur personnalité ? — Quel jugement La Fontaine porte-t-il sur les deux poètes ? Peut-on découvrir notamment les raisons de sa sympathie pour Racan ?

La guerre a ses douceurs, l'hymen a ses alarmes.
Si je suivais mon goût, je saurais où buter[1];
Mais j'ai les miens, la cour, le peuple[2] à contenter. »
25 Malherbe là-dessus : « Contenter tout le monde!
Écoutez ce récit avant que je réponde.

« J'ai lu dans quelque endroit qu'un Meunier et son Fils,
L'un vieillard, l'autre enfant, non pas des plus petits,
Mais garçon de quinze ans, si j'ai bonne mémoire,
30 Allaient vendre leur Âne, un certain jour de foire.
Afin qu'il fût plus frais et de meilleur débit[3],
On lui lia les pieds, on vous le suspendit;
Puis cet homme et son Fils le portent comme un lustre.
Pauvres gens! idiots! couple ignorant et rustre!
35 Le premier qui les vit de rire s'éclata.
« Quelle farce, dit-il, vont jouer ces gens-là?
Le plus âne des trois n'est pas celui qu'on pense. »
Le Meunier, à ces mots, connaît[4] son ignorance;
Il met sur pieds sa bête et la fait détaler.
40 L'Âne, qui goûtait fort l'autre façon d'aller,
Se plaint en son patois. Le Meunier n'en a cure;
Il fait monter son Fils, il suit; et, d'aventure[5],
Passent trois bons marchands. Cet objet[6] leur déplut.
Le plus vieux au garçon s'écria tant qu'il put :
45 « Oh là! oh! descendez, que[7] l'on ne vous le dise,
Jeune homme qui menez laquais à barbe grise!
C'était à vous de suivre, au vieillard de monter.
— Messieurs, dit le Meunier, il vous faut contenter. »
L'enfant met pied à terre, et puis le vieillard monte.
50 Quand trois filles passant, l'une dit : « C'est grand'honte
Qu'il faille voir ainsi clocher[8] ce jeune fils,
Tandis que ce nigaud, comme un évêque assis,
Fait le veau[9] sur son Âne et pense être bien sage.
— Il n'est, dit le Meunier, plus de veaux à mon âge :

1. *Buter* : viser en tant que but; 2. *Peuple* : public; 3. *Débit* : vente; 4. *Connaître* : reconnaître; 5. *D'aventure* : par hasard; 6. *Objet* : spectacle; 7. Sans que; 8. *Clocher* : boiter; 9. Fait le sot, le niais.

— QUESTIONS —

● Vers 27-37. Qu'a d'intéressant la précision sur l'âge des personnages (vers 28-29)? — Le pittoresque et le sens du mouvement chez La Fontaine : étudiez les vers 31-33. — Qui prononce le vers 34? Comment jugez-vous l'exclamation des spectateurs? Grâce à quels éléments pouvez-vous situer le milieu populaire et rural où se passe cette petite scène?

55 Passez votre chemin, la fille, et m'en croyez. »
   Après maints quolibets coup sur coup renvoyés,
   L'homme crut avoir tort et mit son Fils en croupe.
   Au bout de trente pas, une troisième troupe
   Trouve encore à gloser[1]. L'un dit : « Ces gens sont fous;
60 Le baudet n'en peut plus; il mourra sous leurs coups.
   Hé quoi! charger ainsi cette pauvre bourrique!
   N'ont-ils point de pitié de leur vieux domestique?
   Sans doute qu'à la foire ils vont vendre sa peau.
   — Parbieu[2]! dit le Meunier, est bien fou de cerveau
65 Qui prétend contenter tout le monde et son père[3].
   Essayons toutefois si par quelque manière
   Nous en viendrons à bout. » Ils descendent tous deux.
   L'Âne se prélassant[4] marche seul devant eux.
   Un Quidam les rencontre et dit : « Est-ce la mode
70 Que Baudet aille à l'aise et Meunier s'incommode?
   Qui de l'âne ou du maître est fait pour se lasser?
   Je conseille à ces gens de le faire enchâsser.
   Ils usent leurs souliers et conservent leur âne!
   Nicolas, au rebours; car, quand il va voir Jeanne,
75 Il monte sur sa bête; et la chanson le dit[5].

---

1. *Gloser* : critiquer; 2. Prononciation paysanne; 3. Expression proverbiale; 4. *Se prélasser* : marcher comme un prélat, sans hâte; 5. Allusion à une chanson du temps :

> Adieu cruelle Jeanne,
> Si vous ne m'aimez pas,
> Je monte sur mon âne
> Pour galoper au trépas.
> — Courez, ne bronchez pas,
>   Nicolas.
> Surtout n'en revenez pas.

QUESTIONS

● Vers 38-55. Montrez la malice de La Fontaine au vers 40. — Comment la condition et l'âge des personnages rencontrés expliquent-ils à la fois leur façon de voir et leur langage (vers 45-47 et 50-53)? — Comparez les différentes attitudes du meunier aux vers 41, 48, 54-55 : comment se donne-t-il chaque fois l'illusion d'être un homme résolu?

● Vers 56-80. La décision du meunier (vers 57) était-elle prévisible quand il avait rabroué la jeune fille au vers 55? A quoi voit-on qu'il est de plus en plus décontenancé par les plaisanteries qu'on lui adresse (vers 64-67)? — Comment La Fontaine varie-t-il les épisodes sans rompre cependant les effets symétriques? Les personnages rencontrés au vers 59, puis au vers 69, sont-ils aussi précisément caractérisés qu'aux deux épisodes précédents? Leurs arguments sont-ils logiques? — Quel effet produit le rythme décidé des vers 76-80?

Beau trio de baudets! » Le Meunier repartit :
« Je suis âne, il est vrai, j'en conviens, je l'avoue;
Mais que dorénavant on me blâme, on me loue,
Qu'on dise quelque chose ou qu'on ne dise rien,
80 J'en veux faire à ma tête. » Il le fit, et fit bien.

Quant à vous, suivez Mars, ou l'Amour, ou le Prince,
Allez, venez, courez; demeurez en province;
Prenez femme, abbaye, emploi, gouvernement[1] :
Les gens en parleront, n'en doutez nullement. »

III. — LE LOUP DEVENU BERGER

Un Loup, qui commençait d'avoir petite part
    Aux brebis de son voisinage,
Crut qu'il fallait s'aider de la peau du renard[2]
    Et faire un nouveau personnage.
5 Il s'habille en berger, endosse un hoqueton[3],
    Fait sa houlette[4] d'un bâton,

---

1. Un laïc pouvait toucher les revenus d'une *abbaye ; gouvernement :* charge de direction politique et militaire d'une province ou d'une ville; **2.** Ruser (expression proverbiale); **3.** *Hoqueton :* casaque courte et sans manches; **4.** *Houlette :* bâton de berger, terminé à un bout par une petite pelle de fer pour lancer des mottes de terre aux moutons qui s'écartent du troupeau.

——— QUESTIONS ———

● Vers 81-84. Montrez que cette moralité est un retour au problème posé dans le prologue. Pourquoi, cependant, les personnages du prologue ne reparaissent-ils plus? — Quelle sagesse exprime cette morale?

■ Sur l'ensemble de la fable première. — Comment La Fontaine renouvelle-t-il ici le cadre de la fable? Montrez qu'il s'agit d'un adroit mélange de l'épître et de la fable.

— La composition du récit : sur quel effet comique est-il construit? Comment La Fontaine évite-t-il la monotonie?

— Le peuple, son langage, sa manière de vivre d'après cette fable : est-ce le pittoresque ou la vérité humaine qui l'emporte ici?

— Quelles qualités et quels défauts sont mis en cause ici? Quelle en est l'importance? Comment la moralité s'efforce-t-elle de montrer que la leçon reste vraie dans tous les domaines?

Sans oublier la cornemuse.
Pour pousser jusqu'au bout la ruse,
Il aurait volontiers écrit sur son chapeau :
10 « C'est moi qui suis Guillot, berger de ce troupeau. »
Sa personne étant ainsi faite,
Et ses pieds de devant posés sur sa houlette,
Guillot le sycophante¹ approche doucement.
Guillot, le vrai Guillot, étendu sur l'herbette,
15 Dormait alors profondément;
Son chien dormait aussi, comme aussi sa musette².
La plupart des brebis dormaient pareillement.
L'hypocrite les laissa faire;
Et pour pouvoir mener vers son fort³ les brebis,
20 Il voulut ajouter la parole aux habits,
Chose qu'il croyait nécessaire.
Mais cela gâta son affaire :
Il ne put du pasteur contrefaire la voix.
Le ton dont il parla fit retentir les bois
25 Et découvrit tout le mystère.
Chacun se réveille à ce son,
Les brebis, le chien, le garçon.
Le pauvre Loup, dans cet esclandre⁴
Empêché⁵ par son hoqueton,
30 Ne put ni fuir ni se défendre.

---

1. *Sycophante* : trompeur (note de La Fontaine); 2. *Musette* : cornemuse; 3. *Son fort* : son repaire « au fond des forêts »; 4. *Esclandre* : malheur; 5. *Empêché* : embarrassé.

─────── **QUESTIONS** ───────────────

Fable III : **Le Loup devenu berger.**

● Vers 1-13. Ce passage contient des éléments de comédie mêlés à une observation précise de la réalité : montrez-le. L'intervention du poète aux vers 8-10 ne prépare-t-elle pas de manière amusante le dénouement (vers 20-25)? — A quoi voit-on la satisfaction qu'éprouve le loup à se croire aussi rusé et aussi hypocrite que le renard?

● Vers 14-30. Par quelle habileté La Fontaine passe-t-il du loup au berger? — N'y a-t-il pas dans les vers 14-17 une véritable poésie du sommeil et du silence? Comment s'exprime-t-elle? Étudiez les sonorités du vers 24. — Comment s'exprime en revanche l'agitation dans les vers 26-30? Comparez ce dénouement à celui de la fable *l'Œil du Maître* (IV, XXI). Se ressemblent-ils?

Toujours par quelque endroit fourbes se laissent prendre.
        Quiconque est loup agisse en loup;
        C'est le plus certain de beaucoup.

IV. — LES GRENOUILLES QUI DEMANDENT UN ROI

        Les Grenouilles, se lassant
        De l'état démocratique,
        Par leurs clameurs firent tant
   Que Jupin[1] les soumit au pouvoir monarchique.
5 Il leur tomba du ciel un Roi tout pacifique :
   Ce Roi fit toutefois un tel bruit en tombant
        Que la gent[2] marécageuse,
        Gent fort sotte et fort peureuse,
        S'alla cacher sous les eaux,
10   Dans les joncs, dans les roseaux,
        Dans les trous du marécage,
   Sans oser de longtemps regarder au visage
   Celui qu'elles croyaient être un géant nouveau.

---

1. *Jupin* : Jupiter (sans nuance péjorative) [voir *la Besace*, I, VII, vers 25]; 2. *Gent* :
peuple (voir *Conseil tenu par les Rats*, II, II, vers 7).

──────── **QUESTIONS** ────────

● VERS 31-33. La moralité : que semble-t-elle conseiller? Quel est son
sens profond?

■ SUR L'ENSEMBLE DE LA FABLE III. — Étudiez l'union de la fantaisie
et de la réalité.

— La composition de cette fable; justifiez le caractère et l'importance
relative de chacune des scènes qui la composent.

— Le caractère du loup : comment se révèle-t-il dans ses actes?

— Le comique de cette fable : sur quelle situation comique traditionnelle est-elle fondée?

Fable IV : Les Grenouilles qui demandent un Roi.

SOURCE : *Les Grenouilles qui demandent un Roi*. — Les grenouilles, fâchées
de l'anarchie où elles vivaient, envoyèrent des députés à Zeus, pour le prier
de leur donner un roi. Zeus, voyant leur simplicité, lança un morceau de bois
dans le marais. Tout d'abord les grenouilles, effrayées par le bruit, plongèrent
dans les profondeurs du marais; puis, comme le bois ne bougeait pas, elles
remontèrent et en vinrent à un tel mépris pour le roi qu'elles sautaient sur
son dos et s'y accroupissaient. Mortifiées d'avoir un tel roi, elles se rendirent
une seconde fois près de Zeus et lui demandèrent de changer leur monarque;
car le premier était trop nonchalant. Zeus impatienté leur envoya une hydre
qui les prit et les dévora. Cette fable montre qu'il vaut mieux être commandé
par des hommes nonchalants, mais sans méchanceté, que par des brouillons
et des méchants (Ésope, dans Nevelet, p. 227).

LES GRENOUILLES QUI DEMANDENT UN ROI
Illustration de Gustave Doré (1833-1883).

Or c'était un Soliveau[1],
15 De qui la gravité fit peur à la première
    Qui, de le voir s'aventurant[2],
    Osa bien quitter sa tanière.
    Elle approcha, mais en tremblant.
Une autre la suivit, une autre en fit autant :
20   Il en vint une fourmilière;
Et leur troupe à la fin se rendit familière
Jusqu'à sauter sur l'épaule du Roi.
Le bon sire le souffre et se tient toujours coi.
Jupin en a bientôt la cervelle rompue :
25 « Donnez-nous, dit ce peuple, un roi qui se remue. »
Le Monarque des Dieux leur envoie une Grue,
        Qui les croque, qui les tue,
        Qui les gobe à son plaisir;
        Et Grenouilles de se plaindre,
30 Et Jupin de leur dire : « Eh quoi? votre désir
        A ses lois croit-il nous astreindre?
        Vous avez dû[3] premièrement
        Garder votre gouvernement;
Mais, ne l'ayant pas fait, il vous devait suffire
35 Que votre premier roi fût débonnaire et doux :
        De celui-ci contentez-vous,
        De peur d'en rencontrer un pire. »

1. *Soliveau* : poutre; 2. S'aventurant à le voir; 3. Vous auriez dû.

——————— **QUESTIONS** ———————

● Vers 1-13. Comment La Fontaine fait-il entendre les criailleries des grenouilles (vers 1-3)? — La manière dont le poète peint l'émoi des grenouilles (vers 6-13) ne prouve-t-elle pas la justesse de son observation? Étudiez mètres, rythme, sonorités de ces sept vers. — Comment la description de la vie animale s'harmonise-t-elle avec les revendications tout humaines des vers 1-4?

● Vers 14-23. Quel effet produit le vers 14? Pourquoi? — Montrez l'art de peindre le retour progressif des grenouilles (vers 18-22). Ces vers ne peignent-ils pas aussi les hommes? — Quelle remarque faites-vous sur le mot *fourmilière* (vers 20)? — Étudiez le rythme du vers 23 : montrez son rôle psychologique.

● Vers 24-37. La grue est *un roi qui se remue* : montrez-le en étudiant les vers 26-28. — A quoi voit-on que Jupiter est le monarque des dieux (ton, mouvement de la phrase, vocabulaire, mètres, rythme)? — Quelle sagesse exprime la morale? Pourquoi est-elle incluse dans le discours de Jupiter?

● *Les questions relatives à la fin de la fable IV se trouvent page 75.*

V. — LE RENARD ET LE BOUC

Capitaine Renard allait de compagnie
Avec son ami Bouc des plus haut encornés;
Celui-ci ne voyait pas plus loin que son nez;
L'autre était passé maître en fait de tromperie.
5 La soif les obligea de descendre en un puits :
      Là, chacun d'eux se désaltère.
Après qu'abondamment tous deux en[1] eurent pris,
Le Renard dit au Bouc : « Que ferons-nous, compère[2]?
Ce n'est pas tout de boire, il faut sortir d'ici.
10 Lève tes pieds en haut, et tes cornes aussi;
Mets-les contre le mur : le long de ton échine
      Je grimperai premièrement;
      Puis sur tes cornes m'élevant,
      A l'aide de cette machine[3],

---

1. *En :* de l'eau (idée implicitement contenue dans *se désaltère*); **2.** *Compère :* camarade (appellation familière) [voir *le Renard et la Cigogne*, I, XVIII, vers 1]; **3.** *Machine :* procédé.

■ QUESTIONS

■ SUR L'ENSEMBLE DE LA FABLE IV. — Montrez que cette fable exprime aussi la poésie du marécage. Soulignez l'abondance des vers de sept syllabes; vérifiez que ce vers impair est employé pour marquer le désordre, l'agitation des grenouilles. Que marquent les alexandrins, en tenant compte des coupes et des enjambements?

— L'attitude de Jupiter : quelles nuances se marquent progressivement dans ses sentiments, dans son comportement? Les grenouilles ont-elles totalement tort de se plaindre de leur malheur?

— La morale de cette fable a-t-elle une signification politique? ou une portée générale?

Fable V : **le Renard et le Bouc.**

SOURCE : *le Renard et le Bouc.* — Un renard et un bouc ayant soif descendirent dans un puits; mais quand ils eurent bu, comme le bouc cherchait un moyen de sortir, le renard lui dit : « Aie confiance. J'ai trouvé quelque chose d'utile pour le salut de chacun de nous. Si tu te tiens debout et si tu poses contre la paroi tes pieds de devant, si tu inclines également tes cornes en avant, en m'appuyant moi-même sur tes épaules et sur tes cornes, je sauterai hors du puits et ensuite je te tirerai de là. » Le bouc lui ayant volontiers prêté son office, le renard s'élança hors du puits. Là il bondissait de joie autour de l'orifice. Le bouc au contraire l'accusait d'avoir manqué à leurs engagements. Alors le renard se retournant lui dit : « Eh! si tu avais autant d'esprit que de barbe au menton, tu ne serais pas descendu avant d'avoir envisagé le moyen de remonter. » Cette fable montre que l'homme prudent doit d'abord considérer plus à fond l'issue d'une entreprise et seulement ensuite y mettre la main (Ésope, dans Nevelet, p. 88).

15   De ce lieu-ci je sortirai,
           Après quoi je t'en tirerai.
     — Par ma barbe, dit l'autre, il[1] est bon; et je loue
           Les gens bien sensés comme toi.
           Je n'aurais jamais, quant à moi,
20   Trouvé ce secret, je l'avoue. »
     Le Renard sort du puits, laisse son compagnon
           Et vous[2] lui fait un beau sermon
           Pour l'exhorter à patience.
     « Si le ciel t'eût, dit-il, donné par excellence[3]
25   Autant de jugement que de barbe au menton,
           Tu n'aurais pas, à la légère,
     Descendu dans ce puits. Or adieu; j'en suis hors;
     Tâche de t'en tirer, et fais tous tes efforts;
           Car, pour moi, j'ai certaine affaire
30   Qui ne me permet pas d'arrêter en chemin. »

     En toute chose il faut considérer la fin.

---

1. *Il* : cela; 2. *Vous* est explétif et familier; 3. *Par excellence* : par privilège spécial.

─────── **QUESTIONS** ───────

● VERS 1-16. L'art de faire voir : précisez comment est dessiné le bouc. Le vers 3 n'a-t-il pas un double sens? Expliquez le mètre des vers 5, 6 et 7. — Les vers 10-16 donnent l'impression d'une montée : montrez par quels procédés. Mettez en relief les talents du renard : clarté d'esprit, logique et patience dans ses explications, qualité de méthode. Est-il naturel que le bouc puisse être sans méfiance? Le lecteur prévoit-il la suite?

● VERS 17-31. Comment s'exprime la bêtise du bouc? Celui-ci n'est-il pas aussi un peu pitoyable (vers 17-20)? De quelle nature est l'effet comique du vers 21? — Le renard n'est-il que rusé? Étudiez le ton de son discours (vers 24-30). — Comment La Fontaine laisse-t-il percer son ironie? Cherchez dans le discours du renard les éléments qui parodient des paroles du bouc. — Croyez-vous que le renard avait dès le début (vers 5) prévu ce qui se passerait?

■ SUR L'ENSEMBLE DE LA FABLE V. — Quels sont les deux aspects psychologiques que montre le renard? Soulignez qu'ils procèdent de la même tournure d'esprit. — L'habileté d'avoir choisi le bouc comme compagnon : quel comique en résulte?

     — Les différents tons utilisés par le conteur suivant les personnages et les circonstances.

     — Le dernier vers est-il vraiment une morale?

     — Rapprochez cette fable du passage de la Préface, où La Fontaine la commente (p. 27).

VII. — L'IVROGNE ET SA FEMME

Chacun a son défaut où toujours il revient :
    Honte ni peur n'y remédie.
  Sur ce propos, d'un conte il me souvient :
    Je ne dis rien que je n'appuie
5   De quelque exemple.
             Un suppôt de Bacchus
Altérait sa santé, son esprit et sa bourse.
Telles gens n'ont pas fait la moitié de leur course[1]
    Qu'ils sont au bout de leurs écus.
Un jour que celui-ci, plein du jus de la treille,
10 Avait laissé ses sens au fond d'une bouteille,
Sa femme l'enferma dans un certain tombeau.
    Là les vapeurs du vin nouveau
Cuvèrent[2] à loisir. A son réveil il treuve[3]
L'attirail de la mort à l'entour de son corps,
15   Un luminaire, un drap des morts.
« Oh ! dit-il, qu'est ceci ? Ma femme est-elle veuve ? »
Là-dessus, son épouse, en habit d'Alecton[4],

---

1. *Course :* durée de la vie ; **2.** *Cuver :* fermenter ; **3.** Il trouve ; **4.** Une des Furies.

QUESTIONS

Fable VII : **l'Ivrogne et sa Femme.**

    Source : *l'Ivrogne et sa Femme.* — Une femme avait un ivrogne pour mari. Voulant le délivrer de ce vice, elle imagina la ruse que voici. Quand elle le vit alourdi par l'excès de la boisson et insensible comme un mort, elle le prit sur ses épaules, l'emporta et le déposa au cimetière, puis elle partit. Quand elle pensa qu'il avait repris ses sens, elle revint au cimetière et heurta à la porte. L'ivrogne dit : « Qui frappe ? » La femme répondit : « C'est moi, celui qui porte à manger aux morts. » Et l'autre : « Ce n'est pas à manger, l'ami, mais à boire qu'il faut m'apporter. Tu me fais de la peine en me parlant de nourriture au lieu de boisson. » Et la femme se frappant la poitrine : « Hélas ! malheureuse, dit-elle, ma ruse n'a servi de rien. Car toi, mon mari, non seulement tu n'en es pas amendé, mais tu es devenu pire encore, puisque ta maladie est tournée en habitude. » Cette fable montre qu'il ne faut pas s'attarder aux mauvaises actions, car, même sans le vouloir, l'homme est la proie de l'habitude (Ésope, dans Nevelet, p. 150).

● Vers 1-5. La Fontaine moraliste se trouve d'accord ici avec bien des moralistes de son temps et notamment avec Molière : montrez-le en vous appuyant sur les deux premiers vers. — Étudiez rythme et mètres de ce début.

Masquée et de sa voix contrefaisant le ton,
Vient au prétendu mort, approche de sa bière,
20 Lui présente un chaudeau¹ propre pour Lucifer.
L'époux alors ne doute en aucune manière
Qu'il ne soit citoyen d'enfer.
« Quelle personne es-tu? dit-il à ce fantôme.
       — La cellerière² du royaume
25 De Satan, reprit-elle; et je porte à manger
       A ceux qu'enclôt la tombe noire. »
       Le mari repart sans songer³ :
       « Tu ne leur portes point à boire? »

IX. — LE LOUP ET LA CIGOGNE

Les Loups mangent gloutonnement.
Un Loup donc étant de frairie⁴
Se pressa, dit-on, tellement
Qu'il en pensa⁵ perdre la vie :
5 Un os lui demeura bien avant au gosier.
De bonheur pour ce Loup, qui ne pouvait crier,
       Près de là passe une Cigogne.
       Il lui fait signe; elle accourt.

---

1. *Chaudeau* : brouet ou bouillon chaud; 2. *Cellerière* : dans un couvent, la religieuse chargée du ravitaillement; 3. Réplique sans réfléchir; 4. *Frairie* : réunion à l'occasion d'un festin, puis le festin lui-même; 5. *Penser* : faillir.

● QUESTIONS

● Vers 5-28. Par quelles images le poète donne-t-il vie à quelques vérités de sens commun (vers 7-10)? La gaieté et l'allégresse de ce début : soulignez le contraste ainsi formé avec la suite. — Il s'agit d'un conte (voir vers 3) : quels éléments le prouvent? Étudiez la mise en scène macabre (vers 14-26). Le mélange des traditions chrétiennes et des mythes païens rompt-il l'harmonie du récit? Quel effet en résulte? — Expliquez le comique du vers 16. — Étudiez la forme des vers 24-26. Montrez la vérité humaine et l'habileté du conteur dans les deux derniers vers. Comparez avec Ésope, qui termine son apologue par de longues lamentations de la femme et par une morale longuement développée. Quelle fable préférez-vous? Pourquoi?

■ Sur l'ensemble de la fable VII. — Le mélange de comique et de macabre dans cette fable : quel élément domine? Dans quelle tradition se situe ce genre de fable?
— La vivacité du récit : le dialogue en forme-t-il l'élément essentiel? Le rythme des vers.
— En quoi le mot *conte* utilisé par l'auteur lui-même (vers 3) est-il justifié?

Phot. Larousse.

LE LOUP ET LA CIGOGNE

La tête du loup est une étude de Ridinger, peintre animalier allemand
du XVIIIe siècle, et la cigogne un dessin d'Albert Dürer (1471-1528),
le plus célèbre des artistes allemands de la Renaissance.

Voilà l'opératrice[1] aussitôt en besogne.
10 Elle retira l'os; puis, pour un si bon tour,
      Elle demanda son salaire.
      « Votre salaire! dit le Loup,
      Vous riez, ma bonne commère[2]!
      Quoi! ce n'est pas encor beaucoup
15 D'avoir de mon gosier retiré votre cou?
      Allez, vous êtes une ingrate :
      Ne tombez jamais sous ma patte. »

XI. — LE RENARD ET LES RAISINS

Certain Renard gascon, d'autres disent normand,
Mourant presque de faim, vit au haut d'une treille
      Des Raisins, mûrs apparemment[3]
      Et couverts d'une peau vermeille.
5 Le galant[4] en eût fait volontiers un repas,
      Mais comme il n'y pouvait atteindre :
« Ils sont trop verts, dit-il, et bons pour des goujats. »

      Fit-il pas[5] mieux que de se plaindre?

---

1. Féminin formé sur *opérateur*, chirurgien ou médecin-charlatan; 2. *Commère :* amie (appellation familière) [voir *le Renard et la Cigogne*, I, XVIII, vers 2]; 3. *Apparemment :* manifestement; 4. *Galant :* individu rusé (voir *le Renard et la Cigogne*, I, XVIII, vers 4); 5. La négation *ne* est souvent omise dans l'interrogation directe négative.

──────── QUESTIONS ────────

Fable IX : **le Loup et la Cigogne.**

■ SUR L'ENSEMBLE DE LA FABLE IX. — Dégagez la morale de cette fable. Pourquoi La Fontaine ne l'a-t-il pas indiquée? Montrez la vérité humaine du dénouement et surtout du vers 16 : quelle ironie ce terme contient-il?
— Par quels procédés est peinte la gloutonnerie du loup? La gloutonnerie des loups est-elle seule visée (voir vers 2)?
— Montrez comment les coupes (vers 8) et les mètres (vers 7-9) ont une valeur expressive.

Fable XI : **le Renard et les Raisins.**

■ SUR L'ENSEMBLE DE LA FABLE XI. — Que signifie le premier vers? Comment le vers 7 le justifie-t-il? Quel jugement porter sur la réflexion du renard? Expliquez l'attitude du personnage : est-il raisonnable?
— Soulignez la concision de cette courte fable. Montrez qu'elle suggère beaucoup de choses : situation et description des raisins; état du personnage; présence du poète.

XIII. — LES LOUPS ET LES BREBIS

Après mille ans et plus de guerre déclarée,
Les Loups firent la paix avecque les Brebis.
C'était apparemment le bien[1] des deux partis :
Car, si les Loups mangeaient mainte bête égarée,
5 Les Bergers de leur peau se faisaient maints habits.
Jamais de liberté, ni pour les pâturages,
      Ni d'autre part pour les carnages :
Ils ne pouvaient jouir qu'en tremblant de leurs biens.
La paix se conclut donc; on donne des otages :
10 Les Loups, leurs Louveteaux; et les Brebis, leurs Chiens,
L'échange en étant fait aux formes[2] ordinaires,
      Et réglé par des commissaires[3].
Au bout de quelque temps que messieurs les Louvats[4]
Se virent loups parfaits et friands de tuerie,
15 Ils vous prennent le temps que dans la bergerie
      Messieurs les Bergers n'étaient pas,
Étranglent la moitié des Agneaux les plus gras,
Les emportent aux dents, dans les bois se retirent.
Ils avaient averti leurs gens secrètement.
20 Les Chiens, qui, sur leur foi[5], reposaient sûrement,
      Furent étranglés en dormant.
Cela fut sitôt fait qu'à peine ils le sentirent;

---

   1. *Bien :* avantage; **2.** Selon l'usage habituel; **3.** *Commissaires :* représentants spécialement nommés par le roi pour procéder à l'établissement et à l'exécution des traités; **4.** *Louvats :* louveteaux; **5.** Confiants dans la parole des loups.

━━━ QUESTIONS ━━━

Fable XIII : **les Loups et les Brebis.**

    SOURCE : *les Loups et les Moutons.* — Des loups cherchaient à surprendre un troupeau de moutons. Ne pouvant s'en rendre maîtres, à cause des chiens qui les gardaient, ils résolurent d'user de ruse pour en venir à leurs fins. Ils envoyèrent des députés demander aux moutons de leur livrer leurs chiens. C'étaient les chiens, disaient-ils, qui étaient cause de leur inimitié; on n'avait qu'à les leur livrer; et la paix régnerait entre eux. Les moutons, ne prévoyant pas ce qui allait arriver, livrèrent les chiens, et les loups, s'en étant rendus maîtres, égorgèrent facilement le troupeau qui n'était plus gardé. Il en est ainsi dans les États : ceux qui livrent facilement leurs orateurs ne se doutent pas qu'ils seront bientôt assujettis à leurs ennemis (Ésope, dans Nevelet, p. 282).

● VERS 1-12. Pourquoi La Fontaine utilise-t-il des termes de la langue politique et diplomatique? Montrez que le vers 10 contient déjà en puissance le dénouement de la fable.

Tout fut mis en morceaux; un seul n'en échappa.

Nous pouvons conclure de là
25 Qu'il faut faire aux méchants guerre continuelle.
La paix est fort bonne de soi[1];
J'en conviens : mais de quoi sert-elle
Avec des ennemis sans foi[2]?

XIV. — LE LION DEVENU VIEUX

Le Lion, terreur des forêts,
Chargé d'ans et pleurant son antique prouesse[3],
Fut enfin[4] attaqué par ses propres sujets,
Devenus forts par sa faiblesse.

---

1. *De soi :* en elle-même; **2.** *Foi :* loyauté; **3.** *Prouesses :* vaillance; **4.** *Enfin :* à la fin.

——— QUESTIONS ———

● Vers 13-23. Comment s'exprime la cruauté des louvats et des loups? Quelle brusque révélation apporte le vers 19? Est-ce le seul instinct de gloutonnerie qui a poussé les louvats? Étudiez dans les vers 20-22 l'art de peindre la trahison : montrez le contraste avec les vers 8-11.

● Vers 24-28. Quelles idées renferme la moralité? L'attitude de La Fontaine est-elle une démission devant le mal?

■ Sur l'ensemble de la fable XIII. — La parodie du langage juridique et des formes diplomatiques : quelle portée est ainsi donnée à l'apologue?

— Les marques d'humour dans cette fable pourtant cruelle.

— Quels sont le sens et la valeur de la réflexion finale? Etes-vous d'accord pour accepter la théorie de l' « ennemi héréditaire »?

Fable XIV : **Le Lion devenu vieux.**

Source : *Le Lion devenu vieux, le Sanglier, le Taureau et l'Âne.* — Quiconque a perdu son antique prestige sert de jouet aux âmes viles dans le malheur qui l'accable. Affaibli par les années, abandonné de ses forces, un lion gisait, près d'exhaler son dernier souffle. Le sanglier survint et d'un coup de son boutoir foudroyant vengea une antique injure. Le taureau de la pointe de ses cornes perça le corps de son ennemi. Quand l'âne vit qu'on pouvait impunément outrager la bête sauvage, il lui broya le front d'une ruade. Alors le lion expirant : « J'ai supporté avec peine l'insulte des vaillants, mais ô toi, l'opprobre de la nature, falloir souffrir tes atteintes, c'est bien mourir deux fois » (Phèdre, I, 21, dans Nevelet, p. 401).

● Vers 1-4. Comment ces vers évoquent-ils par des antithèses à la fois le passé et le présent du lion? Expliquez le vers 4 en l'opposant au vers 1.

5 Le Cheval s'approchant lui donne un coup de pied;
Le Loup, un coup de dent; le Bœuf, un coup de corne.
Le malheureux Lion, languissant, triste et morne,
Peut à peine rugir, par l'âge estropié[1].
Il attend son destin sans faire aucunes plaintes;
10 Quand voyant l'Âne même à son antre accourir :
« Ah! c'est trop, lui dit-il; je voulais bien mourir;
Mais c'est mourir deux fois[2] que souffrir tes atteintes. »

XVII. — LA BELETTE ENTRÉE DANS UN GRENIER

Damoiselle[3] Belette, au corps long et flouet[4],
Entra dans un grenier par un trou fort étroit;
     Elle sortait de maladie.
     Là, vivant à discrétion,

---

1. Rendu invalide par l'âge; **2.** Ce dernier vers est la traduction même de Phèdre; **3.** *Damoiselle :* titre donné aux filles nobles dans les actes publics qui avaient conservé la terminologie ancienne; **4.** *Flouet :* fluet.

──────── **QUESTIONS** ────────

● Vers 5-12. Dans quel ordre apparaissent les animaux? Pourquoi? Étudiez le pathétique des vers 7-8 : le stoïcisme majestueux du lion. — Devine-t-on la manière dont l'âne va humilier le lion? Pourquoi le poète coupe-t-il le récit avant qu'on assiste à cette scène? Quelles sont les limites de la résignation pour le lion?

■ Sur l'ensemble de la fable xiv. — Que peut signifier cette fable? L'âne n'a-t-il pas une valeur symbolique?

— A quoi sent-on la sympathie du poète pour l'animal expirant? Comment accentue-t-elle la moralité de la fable? Par comparaison avec d'autres fables où apparaît le lion, quelle image le fabuliste donne-t-il du roi des animaux?

— La sobriété et la gravité de cet apologue : leurs marques; leur harmonie avec le sujet et leur valeur pour renforcer l'émotion.

Fable XVII : **La Belette entrée dans un grenier.**

Source : *le Renard au ventre gonflé.* — Un renard, ayant aperçu dans le creux d'un chêne des morceaux de pain et de viande que des bergers y avaient laissés, y pénétra et les mangea. Mais son ventre s'étant gonflé, il ne put sortir et se mit à gémir et à se lamenter. Un autre renard, qui passait par là, entendit ses plaintes et, s'approchant, lui en demanda la cause. Quand il sut ce qui était arrivé : « Eh bien! dit-il, reste ici jusqu'à ce que tu redeviennes tel que tu étais en y entrant, et alors tu en sortiras facilement. » Cette fable montre que le temps résout les difficultés (Ésope, dans Nevelet, p. 221).

5   La galande[1] fit chère lie[2],
        Mangea, rongea : Dieu sait la vie,
  Et le lard qui périt en cette occasion !
        La voilà, pour conclusion,
        Grasse, maflue[3] et rebondie.
10 Au bout de la semaine, ayant dîné son soûl,
  Elle entend quelque bruit, veut sortir par le trou,
  Ne peut plus repasser et croit s'être méprise.
        Après avoir fait quelques tours,
  « C'est, dit-elle, l'endroit ; me voilà bien surprise ;
15 J'ai passé par ici depuis[4] cinq ou six jours. »
        Un Rat qui la voyait en peine,
  Lui dit : « Vous aviez lors la panse un peu moins pleine ;
  Vous êtes maigre entrée, il faut maigre sortir.
  Ce que je vous dis là, l'on le dit à bien d'autres[5] ;
20 Mais ne confondons point, par trop approfondir[6],
        Leurs affaires avec les vôtres. »

---

1. *La galande*, ou *galante :* la rusée ; 2. Bonne chère ; 3. *Maflu :* qui a le visage plein (expression populaire) ; 4. *Depuis :* il y a ; 5. Allusion probable aux financiers à qui la Chambre de justice instituée par Colbert venait de faire rendre gorge ; 6. En approfondissant trop.

──────── **QUESTIONS** ────────

● Vers 1-9. Étudiez les deux portraits de la belette : opposez-en les termes. Montrez que les mètres, le rythme et même les sonorités concourent à suggérer les deux états de l'animal. Comment jugez-vous la psychologie de la belette ? Soulignez les éléments qui dénotent le souci, chez La Fontaine, de préparer : 1° l'action de sa petite comédie ; 2° son dénouement. Qu'apporte la densité sobre de ce début pour l'agrément du lecteur ?

● Vers 10-21. Que pensez-vous de la logique de la belette (vers 11-15) ? Est-il normal que la belette ait pourtant besoin du rat pour avoir l'explication complète du problème qui la préoccupe (vers 17-18) ? Le ton que le rat emploie est-il très respectueux ? — Quelle est la morale de cette fable ? A qui peut-elle s'appliquer ? Caractérisez le ton des deux derniers vers. Montrez qu'ils terminent la fable d'une manière naturelle.

■ Sur l'ensemble de la fable XVII. — Le pittoresque dans cette fable : cherchez tous les traits descriptifs qui caractérisent la belette ; pourquoi La Fontaine l'a-t-il substituée au renard de la fable ésopique ?

— La morale : son actualité au moment où La Fontaine écrivit la fable ; sa valeur générale. Comparez celle de La Fontaine avec celle de son modèle : cette dernière n'est-elle pas très inférieure ?

XVIII. — LE CHAT ET LE VIEUX RAT

J'ai lu, chez un conteur de fables,
Qu'un second Rodilard[1], l'Alexandre[2] des chats,
    L'Attila, le fléau des rats,
    Rendait ces derniers misérables[3].
5   J'ai lu, dis-je, en certain auteur,
    Que ce Chat exterminateur,
Vrai Cerbère,[4] était craint une lieue à la ronde :
Il voulait de Souris dépeupler tout le monde.
Les planches qu'on suspend sur un léger appui,
10   La mort-aux-rats, les souricières,
    N'étaient que jeux au prix de lui.

---

1. Le premier est-il celui de la fable du *Conseil tenu par les Rats* ou celui de Rabelais (voir II, II, 1)? **2.** *Alexandre* : célèbre conquérant macédonien du IVe siècle avant J.-C.; *Attila* : roi des Huns (432-453); **3.** *Misérable* : malheureux; **4.** *Cerbère* : chien à trois têtes, particulièrement féroce, qui gardait la porte des Enfers, dans la mythologie grecque.

QUESTIONS

Fable XVIII : **le Chat et le Vieux Rat.**

SOURCES : *le Chat et les Rats*. — Dans une maison les rats pullulaient. Un chat l'ayant su y vint et, les prenant l'un après l'autre, les dévorait. Ceux-ci, voyant que chaque jour ils périssaient, se dirent entre eux : « Ne descendons plus pour ne pas succomber jusqu'au dernier; car si le chat ne peut plus venir jusqu'à nous, nous serons sauvés. » Mais le chat, comme les rats ne descendaient plus, résolut de les tromper et de les attirer en usant de ruse. Il grimpa à une cheville et s'y suspendit faisant le mort. Alors un des rats, penchant la tête, lui dit : « Eh toi, même si tu devenais sac, je ne t'approcherais pas. » Cette fable montre que les hommes sages, quand ils ont éprouvé la méchanceté de certaines gens, ne se laissent plus abuser par leurs faux-semblants (Ésope, dans Nevelet, p. 112).

La Belette et les Rats. — Une belette que les années et la vieillesse avaient rendue infirme ne pouvait plus atteindre les souris agiles. Elle se roule dans la farine et négligemment se laisse tomber dans un endroit obscur. Un rat, croyant voir de la nourriture, saute dessus, mais il est pris et livré à la mort. Un second périt de même, puis un troisième. Quelques autres ayant suivi, survient un vieux rat à cuire qui souvent avait échappé aux lacets et aux souricières. Il reconnut à distance le piège de l'ennemi rusé. « Porte-toi bien, dit-il; aussi vrai que je vois là couché à terre, toi que je vois là couché à terre » (Phèdre, IV, 2, dans Nevelet, p. 429).

● VERS 1-11. Relevez les expressions qui désignent le chat : quelle valeur ont-elles? Sont-elles toutes parodiques? Comment les noms qui lui sont donnés traduisent-ils d'une manière différente les sentiments qu'il suscite chez les chats et les rats? — A quoi tient la valeur expressive du vers 8? — Quelle est l'utilité de l'énumération des vers 9-10? Dans quel univers replacent-ils chats et souris?

Comme il voit que dans leurs tanières
Les Souris étaient prisonnières,
Qu'elles n'osaient sortir, qu'il avait beau chercher,
15 Le galant[1] fait le mort, et du haut d'un plancher[2]
Se pend la tête en bas : la bête scélérate
A de certains cordons se tenait par la patte.
Le peuple des Souris croit que c'est châtiment,
Qu'il a fait un larcin de rôt[3] ou de fromage,
20 Égratigné quelqu'un, causé quelque dommage,
Enfin qu'on a pendu le mauvais garnement.
Toutes, dis-je, unanimement,
Se promettent de rire à son enterrement,
Mettent le nez à l'air, montrent un peu la tête,
25 Puis rentrent dans leurs nids à rats,
Puis ressortant font quatre pas,
Puis enfin se mettent en quête :
Mais voici bien une autre fête :
Le pendu ressuscite; et, sur ses pieds tombant,
30 Attrape les plus paresseuses.
« Nous en savons plus d'un[4], dit-il en les gobant :
C'est tour de vieille guerre[5]; et vos cavernes creuses[6]
Ne vous sauveront pas, je vous en avertis :
Vous viendrez toutes au logis. »
35 Il prophétisait vrai : notre maître Mitis[7],
Pour la seconde fois les trompe et les affine[8],
Blanchit sa robe et s'enfarine;
Et, de la sorte déguisé,
Se niche et se blottit dans une huche ouverte.
40 Ce fut à lui bien avisé :

---

1. *Galant* : rusé (voir *le Renard et la Cigogne*, I, XVIII, vers 4); **2.** *Plancher* : plafond; **3.** *Rôt* : viande rôtie (voir *le Rat de ville et le Rat des champs*, I, IX, vers 20); **4.** Plus d'un tour (tournure elliptique); **5.** Voir Rabelais, IV, 8; **6.** *Creuses* : profondes; **7.** *Mitis* : en latin, adjectif signifiant « doux »; **8.** *Affiner* : surprendre par quelque finesse.

━━━━━━ **QUESTIONS** ━━━━━━

● Vers 12-34. Montrez l'habileté de la ruse en vous appuyant sur les explications données par les souris (vers 18-21). Opposez les vers 16 et 21. — Étudiez mètres, rythme et sonorités dans les vers 24-27. Montrez la justesse de l'observation et le pittoresque qui en résulte. Comparez ces vers aux vers 18-22 de la fable IV du livre III : *Les Grenouilles qui demandent un Roi*. — Quels procédés mettent en valeur le coup de théâtre (vers 29-30)? Appréciez les commentaires du chat (vers 31-34) : leur opportunité; le trait de caractère qu'ils témoignent.

La gent trotte-menu[1] s'en vient chercher sa perte.
Un Rat, sans plus, s'abstient d'aller flairer autour :
C'était un vieux routier[2], il savait plus d'un tour;
Même il avait perdu sa queue à la bataille.
45 « Ce bloc enfariné ne me dit rien qui vaille,
S'écria-t-il de loin au général des Chats :
Je soupçonne dessous encor quelque machine[3] :
          Rien ne te sert d'être farine;
Car, quand tu serais sac, je n'approcherais pas. »

50 C'était bien dit à lui; j'approuve sa prudence :
          Il était expérimenté
          Et savait que la méfiance
          Est mère de la sûreté.

---

1. *La gent* : la race (voir *Conseil tenu par les Rats*, II, II, vers 7); *trotte-menu* est une création de La Fontaine; 2. *Routier* : « soldat d'aventure faisant partie d'une bande », à l'origine (à rapprocher des vers 44-46); d'où : rusé, plein d'expérience; 3. *Machine* : machination, ruse.

─────── **QUESTIONS** ───────

● VERS 35-49. La seconde ruse du chat peut-elle être soupçonnée des souris, malgré l'avertissement qu'il leur a donné? — Étudiez le ton du vers 44. — Montrez l'importance de l'expression *bloc enfariné*. — Comment prouve-t-elle la prudence et l'expérience du rat? — Justifiez l'expression *général des Chats* et sa place dans cet épisode. Que signifie le vers 49? Comment peint-il la prudence du personnage?

● VERS 50-53. La morale de cette fable mérite-t-elle d'être pleinement approuvée? Quelle critique peut-on lui faire?

■ SUR L'ENSEMBLE DE LA FABLE XVIII. — Pourquoi La Fontaine a-t-il combiné ici deux fables différentes (voir les sources)? La seconde partie de la fable évolue-t-elle de la même façon que la première? Dans quelle mesure contient-elle un effet de surprise?

— La Fontaine a peint ici des scènes de la vie familière : sur quel fond de décor se déroule cette fable?

— Expliquez cette opinion de Chamfort : « Cette fable est charmante d'un bout à l'autre pour le naturel, la gaîté, surtout pour la vérité des tableaux. »

LIVRE QUATRIÈME

II. — LE BERGER ET LA MER

Du rapport d'un troupeau, dont il vivait sans soins[1],
Se contenta longtemps un voisin d'Amphitrite[2];
    Si sa fortune était petite,
    Elle était sûre tout au moins.
5 A la fin les trésors déchargés sur la plage
Le tentèrent si bien qu'il vendit son troupeau,
Trafiqua[3] de l'argent, le mit entier sur l'eau.
    Cet argent périt par naufrage.
Son maître fut réduit à garder les brebis,
10 Non plus berger en chef comme il était jadis,
Quand ses propres moutons paissaient sur le rivage :
Celui qui s'était vu Corydon ou Tircis[4],
    Fut Pierrot et rien davantage.
Au bout de quelque temps il fit quelques profits,
15   Racheta des bêtes à laine;
Et comme un jour les vents, retenant leur haleine,
Laissaient paisiblement aborder les vaisseaux :
« Vous voulez de l'argent, ô Mesdames les Eaux!

---

1. *Soins* : soucis; **2.** *Amphitrite* : la déesse de la Mer; puis la mer elle-même;
3. *Trafiquer* : utiliser l'argent au *trafic*, au commerce; **4.** *Coridon et Tircis* sont des
bergers d'églogue (souvenir de Virgile); ils symbolisent ici l'élégance d'une vie
aisée; *Pierrot* n'est qu'un paysan.

QUESTIONS

Fable II : **le Berger et la Mer.**

    SOURCE : *le Berger et la Mer.* — Un berger faisait paître son troupeau au
bord de la mer, et comme il la voyait calme et douce, l'envie lui vint de s'em-
barquer. Il vendit ses brebis, acheta des dattes et, après avoir fait son chargement, il mit à la voile. Mais à la suite d'une violente tempête, le navire sombra
et, toute la cargaison ayant été perdue, lui-même, à grand-peine, gagna le
rivage. Quelque temps après, le calme étant revenu, il vit un passant qui vantait
la tranquillité de la mer. « Eh, l'ami, lui dit-il, elle te demande des dattes. »
Souvent il arrive que les malheurs servent aux sages d'enseignement (Ésope,
dans Nevelet, p. 131).

● VERS 1-13. Expliquez le changement de mètre aux vers 3-4 et 8.
Comment naît la tentation du berger? — Quels sont les procédés qui
mettent en valeur le contraste contenu dans les vers 9-13?

● VERS 14-20. La valeur de l'octosyllabe (vers 15); montrez la beauté
poétique des vers 16-17 (rythme, sonorités). Sur quel ton s'exprime
le retour à la sagesse?

Dit-il; adressez-vous, je vous prie, à quelque autre :
20   Ma foi! vous n'aurez pas le nôtre. »

Ceci n'est pas un conte à plaisir inventé.
        Je me sers de la vérité
        Pour montrer, par expérience,
        Qu'un sou, quand il est assuré,
25   Vaut mieux que cinq en espérance;
    Qu'il se faut contenter de sa condition;
    Qu'aux conseils de la mer et de l'ambition
        Nous devons fermer les oreilles.
    Pour un qui s'en louera, dix mille s'en plaindront.
30   La mer promet monts et merveilles :
    Fiez-vous-y; les vents et les voleurs¹ viendront.

IV. — LE JARDINIER ET SON SEIGNEUR

        Un amateur de jardinage,
        Demi-bourgeois, demi-manant²,
        Possédait en certain village
    Un jardin assez propre³, et le clos attenant.
5 Il avait de plant vif⁴ fermé cette étendue.
    Là croissait⁵ à plaisir l'oseille et la laitue,
    De quoi faire à Margot pour sa fête un bouquet,
    Peu de jasmin d'Espagne⁶ et force serpolet.
    Cette félicité par un lièvre troublée
10 Fit qu'au Seigneur⁷ du bourg notre homme se plaignit.

———————
    1. *Voleurs* : pirates; 2. *Manant* : paysan; 3. *Propre* : soigné; 4. D'une haie naturelle; 5. L'accord du verbe avec un seul sujet est fréquent au XVIIᵉ siècle; 6. *Jasmin* : plante délicate, dont l'introduction en France était récente; 7. Le droit de chasse lui est réservé.

——————— **QUESTIONS** ———————

● Vers 21-31. Comment La Fontaine unit-il parfaitement la morale au récit? Étudiez le vers 27.

■ Sur l'ensemble de la fable ii. — La fable évoque deux conceptions du bonheur : lesquelles? Pourquoi la moralité est-elle à ce point développée?

— Comment La Fontaine a-t-il personnifié la mer? Quelle est la valeur particulière de chacune des deux personnifications?

Fable IV : **le Jardinier et son Seigneur.**

● Vers 1-10. Montrez que la description du jardin contient des détails essentiels à la suite du récit. N'est-elle pas pleine aussi d'une poésie rustique qui révèle la présence de l'auteur?

« Ce maudit animal vient prendre sa goulée[1]

Soir et matin, dit-il, et des pièges se rit;

Les pierres, les bâtons y perdent leur crédit[2] :

Il est sorcier, je crois. — Sorcier? je l'en défie;

15 Repartit le Seigneur : fût-il diable, Miraut,

En dépit de ses tours, l'attrapera bientôt.

Je vous en déferai, bonhomme, sur ma vie.

— Et quand? — Et dès demain, sans tarder plus longtemps. »

La partie[3] ainsi faite, il vient avec ses gens.

20 « Çà, déjeunons, dit-il : vos poulets sont-ils tendres?

La fille du logis, qu'on vous voie, approchez :

Quand la marierons-nous, quand aurons-nous des gendres?

Bon homme, c'est ce coup qu'il faut, vous m'entendez,

Qu'il faut fouiller à l'escarcelle[4]. »

25 Disant ces mots, il fait connaissance avec elle,

Auprès de lui la fait asseoir,

Prend une main, un bras, lève un coin du mouchoir;

Toutes sottises dont la belle

Se défend avec grand respect :

30 Tant qu'[5]au père à la fin cela devient suspect.

Cependant on fricasse, on se rue en cuisine[6].

« De quand sont vos jambons? ils ont fort bonne mine.

— Monsieur, ils sont à vous. — Vraiment, dit le Seigneur,

Je les reçois, et de bon cœur. »

35 Il déjeune très bien; aussi fait sa famille[7],

Chiens, chevaux, et valets, tous gens bien endentés :

Il commande chez l'hôte, y prend des libertés,

Boit son vin, caresse sa fille.

L'embarras des chasseurs[8] succède au déjeuné.

40   Chacun s'anime et se prépare :

---

1. *Goulée* : ce qu'on avale d'un trait (populaire); 2. *Crédit* : autorité, efficacité; 3. *Partie* : convention; 4. *Escarcelle* : bourse; 5. *Tant que* : si bien que; 6. On goinfre. L'expression est déjà chez Rabelais; 7. Tous ses gens font de même; 8. Causé par les chasseurs.

─────── **QUESTIONS** ───────────────

● Vers 11-18. Étudiez les caractères d'après la conversation et le ton des deux personnages. A quoi tient la vivacité du dialogue?

● Vers 19-38. Les vers 37-38 résument parfaitement la scène : montrez-le. Comment se marque la désinvolture encombrante du seigneur et de ses gens? Citez les vers qui vous paraissent les plus pittoresques : justifiez votre choix. De quoi est fait l'humour du vers 36?

Les trompes et les cors font un tel tintamarre
      Que le bonhomme est étonné[1].
Le pis fut que l'on mit en piteux équipage
Le pauvre potager : adieu planches, carreaux ;
45   Adieu chicorée et porreaux,
      Adieu de quoi mettre au potage.
Le lièvre était gîté dessous un maître chou.
On le quête, on le lance[2], il s'enfuit par un trou,
Non pas trou, mais trouée, horrible et large plaie
50   Que l'on fit à la pauvre haie
Par ordre du Seigneur ; car il eût été mal
Qu'on n'eût pu du jardin sortir tout à cheval.
Le bonhomme disait : « Ce sont là jeux de prince. »
Mais on le laissait dire : et les chiens et les gens
55 Firent plus de dégâts en une heure de temps
      Que n'en auraient fait en cent ans
      Tous les lièvres de la province[3].

Petits princes, videz vos débats entre vous :
De recourir aux rois vous seriez de grands fous.
60 Il ne les faut jamais engager dans vos guerres,
      Ni les faire entrer sur vos terres.

---

1. *Étonné* : frappé de stupeur (sens fort) ; **2.** *Quêter* : chercher ; *lancer* : faire sortir du gîte (termes de chasse) ; **3.** *Province* : pays.

■ QUESTIONS ■

● VERS 39-57. Comment La Fontaine suggère-t-il l'*embarras des chasseurs ?* Montrez que les vers 43-50 unissent des éléments héroï-comiques et un lyrisme discret qui exprime les sentiments du manant et du poète.
— Quelle valeur donnez-vous au premier hémistiche du vers 51 (enjambement, coupe) ? Le conte ne tourne-t-il pas à la satire ?

● VERS 58-61. La morale correspond-elle exactement au récit ? Montrez l'intérêt du dernier vers.

■ SUR L'ENSEMBLE DE LA FABLE IV. — Ce récit ne tient-il pas plus du conte que de la fable ? Dites pourquoi. Montrez que la poésie du récit s'élève plus haut que celle des autres fables en général.
— L'intérêt historique de cette fable : montrez, en rapprochant ce texte de l'histoire des guerres de Louis XIV, à quels *princes* s'adresse la morale. Cette constatation vous entraîne-t-elle à voir chez La Fontaine une contradiction entre le poète courtisan, applaudissant aux succès militaires du roi, et le moraliste, ici ? Montrez que ces deux aspects ne se situent pas sur le même plan.
— L'art du récit : décor et son évocation ; vivacité significative des dialogues ; indications de gestes, etc.

V. — L'ÂNE ET LE PETIT CHIEN

Ne forçons point notre talent[1];
Nous ne ferions rien avec grâce :
Jamais un lourdaud, quoi qu'il fasse,
Ne saurait passer pour galant[2].
5 Peu de gens, que le ciel chérit et gratifie[3],
Ont le don d'agréer infus[4] avec la vie.
C'est un point qu'il leur faut laisser,
Et ne pas ressembler à l'Âne de la fable,
Qui, pour se rendre plus aimable
10 Et plus cher à son maître, alla le caresser.
« Comment! disait-il en son âme,
Ce chien, parce qu'il est mignon,
Vivra de pair à compagnon[5]
Avec Monsieur, avec Madame;
15 Et j'aurai des coups de bâton!
Que fait-il? il donne la patte;
Puis aussitôt il est baisé!
S'il en faut faire autant afin que l'on me flatte,
Cela n'est pas bien malaisé. »
20 Dans cette admirable pensée,
Voyant son maître en joie, il s'en vient lourdement,

---

1. *Talent* : dispositions naturelles (voir *le Meunier, son Fils et l'Ane*, III, I, vers 18);
2. *Galant* : élégant, distingué; **3.** *Gratifier* : favoriser d'un don; **4.** Ont naturellement le don de plaire; **5.** Sur un pied d'égalité (locution toute faite).

──────── QUESTIONS ────────

Fable V : l'Âne et le Petit Chien.

SOURCE : *l'Âne et le Petit Chien ou le Chien et son Maître*. — Un homme
qui avait un chien de Malte et un âne jouait constamment avec le chien. Allait-il
dîner dehors, il lui rapportait quelque friandise, et, quand le chien s'approchait, la queue frétillante, il la lui jetait. Jaloux, l'âne accourt vers le maître,
et, se mettant à gambader, il l'atteignit d'un coup de pied. Le maître en colère
le fit reconduire à coups de bâton et attacher au râtelier. Cette fable montre
que tous ne sont pas faits pour les mêmes choses (Ésope, dans Nevelet, p. 261).

● VERS 1-6. Quelle qualité recommande La Fontaine dans ce début?
N'est-ce pas aussi une qualité littéraire? Par quels procédés La Fontaine
en souligne-t-il la rareté aux vers 5-6?

● VERS 7-19. Montrez l'habileté de la transition (vers 7-8). La logique
dans le monologue de l'âne; d'où vient ici l'effet comique? N'y a-t-il
pas cependant quelque chose de touchant dans l'attitude de l'âne?

❧ fable de la ſne et du petit chien·

L'ÂNE ET LE PETIT CHIEN
Illustration d'un recueil de fables ésopiques du XVIᵉ siècle.

Lève une corne[1] tout usée,
La lui porte au menton fort amoureusement,
Non sans accompagner, pour plus grand ornement,
25 De son chant gracieux cette action hardie.
« Oh! oh! quelle caresse! et quelle mélodie!
Dit le maître aussitôt. Holà, Martin-bâton[2]! »
Martin-bâton accourt : l'Âne change de ton.
Ainsi finit la comédie.

IX. — LE GEAI PARÉ DES PLUMES DU PAON

Un Paon muait : un Geai[3] prit son plumage;
Puis après se l'accommoda;
Puis parmi d'autres Paons tout fier se panada[4],
Croyant être un beau personnage.
5 Quelqu'un le reconnut : il se vit bafoué,
Berné, sifflé, moqué, joué,
Et par Messieurs les Paons plumé d'étrange sorte.
Même vers ses pareils s'étant réfugié,
Il fut par eux mis à la porte.

10 Il est assez de geais à deux pieds comme lui
Qui se parent souvent des dépouilles d'autrui,
Et que l'on nomme plagiaires.

---

1. La *corne* de son sabot; 2. Homme armé d'un bâton; puis le bâton lui-même (expression empruntée à Rabelais); 3. La Fontaine, suivant une erreur commune encore à l'époque, confond, en traduisant son modèle latin, le *geai* et le choucas, dont le plumage noir justifie davantage la fable; 4. *Se panader :* marcher comme le paon, se pavaner.

──────── **QUESTIONS** ────────

● VERS 20-29. En quoi réside le comique de ce passage? Comment La Fontaine accentue-t-il le contraste entre les efforts maladroits de l'âne et la réaction du maître? Montrez le caractère « mélodique » des vers 23-25 et le rythme brutal des vers 26-28. Le dénouement est extrêmement vif : pourquoi?

■ SUR L'ENSEMBLE DE LA FABLE V. — *Ainsi finit la comédie*, dit le dernier vers : en quoi cette fable est-elle une comédie (situation, caractère, gestes, etc.)? Comment s'exprime l'ironie de La Fontaine?

Fable IX : **Le Geai paré des plumes du Paon.**

● VERS 1-9. Montrez comment le mouvement des vers 3-4 et les sonorités contribuent à peindre la vanité du geai. — Quel rôle joue l'accumulation de participes aux vers 5-6? Sont-ils exactement synonymes? Précisez leur sens. — A quoi tient la brutalité du vers 9?

Je m'en tais, et ne veux leur causer nul ennui :
Ce ne sont pas là mes affaires.

X. — LE CHAMEAU ET LES BÂTONS FLOTTANTS

Le premier qui vit un Chameau
S'enfuit à cet objet[1] nouveau;
Le second approcha; le troisième osa faire
Un licou pour le Dromadaire[2].
5 L'accoutumance ainsi nous rend tout familier :
Ce qui nous paraissait terrible et singulier
S'apprivoise avec notre vue[3]
Quand ce vient à la continue[4] :
Et puisque nous voici tombés sur ce sujet :
10 On avait mis des gens au guet,

---

1. *Objet* : spectacle; 2. On confond au XVIIᵉ siècle *chameau* et *dromadaire;*
3. Devient familier à notre vue; 4. A la longue.

─────── **QUESTIONS** ───────

● Vers 10-14. Quelle sorte de vanité particulière vise la morale? Le plagiat était-il courant au XVIIᵉ siècle? Comment la propriété littéraire était-elle protégée? — Quelle raison possible voyez-vous à l'abstention de La Fontaine (vers 13-14)?

■ Sur l'ensemble de la fable IX. — Les qualités du récit : brièveté; vigueur.

— Montrez l'habile ambiguïté de cet apologue, qui permet un glissement facile du monde animal à l'univers humain.

Fable X : **le Chameau et les bâtons flottants.**

Sources : *Le Chameau vu pour la première fois.* — Lorsqu'ils virent le chameau pour la première fois, les hommes eurent peur et, frappés de sa grande taille, ils s'enfuirent. Mais quand avec le temps ils se furent rendu compte de sa douceur, ils s'enhardirent jusqu'à l'approcher. Puis s'apercevant peu à peu que la bête n'avait pas de colère, ils en vinrent à la mépriser au point de lui mettre une bride et de la donner à conduire à des enfants. Cette fable montre que l'habitude calme la peur qu'inspirent les choses effrayantes (Ésope, dans Nevelet, p. 183).

Les Voyageurs et les broussailles. — Des voyageurs, cheminant sur le bord de la mer, arrivèrent sur une hauteur. De là, voyant flotter au loin des broussailles, ils les prirent pour un grand vaisseau de guerre; aussi attendirent-ils, pensant qu'il allait aborder. Mais les broussailles poussées par le vent s'étant rapprochées, ils crurent voir, non plus un vaisseau de guerre, mais un vaisseau de charge. Une fois arrivés au rivage, ils virent que c'étaient des broussailles et se dirent entre eux : « Comme nous étions sots d'attendre une chose qui n'était rien! » Cette fable montre que certains hommes qui paraissent redoutables parce qu'ils sont inconnus révèlent leur nullité à la première épreuve (Ésope, dans Nevelet, p. 178).

● Vers 1-8. Caractérisez le rythme de cette première partie de la fable : montrez comment on glisse de l'exemple à l'idée générale.

Qui, voyant sur les eaux de loin certain objet,
      Ne purent s'empêcher de dire
      Que c'était un puissant navire.
Quelques moments après, l'objet devint brûlot[1],
15   Et puis nacelle, et puis ballot,
      Enfin bâtons flottants sur l'onde.

      J'en sais beaucoup, de par le monde,
      A qui ceci conviendrait bien :
De loin, c'est quelque chose; et de près, ce n'est rien.

XI. — LA GRENOUILLE ET LE RAT

      « Tel, comme dit Merlin[2], cuide engeigner[3] autrui,
      Qui souvent s'engeigne soi-même. »

---

1. *Brûlot* : petit bâtiment chargé de matières inflammables, qu'on lance contre les vaisseaux ennemis; 2. *Merlin* : l'enchanteur des *romans de la Table ronde;* 3. Tel croit tromper autrui.

▬ QUESTIONS ▬

● Vers 9-16. Malgré la transition du vers 9, le deuxième exemple a-t-il la même signification que le premier? — Montrez à quoi correspond l'ordre des termes qui vont de *puissant navire* (vers 14) à *bâtons flottants sur l'onde* (vers 16).

● Vers 17-19. Expliquez la moralité en rapprochant de ce que La Bruyère écrit dans le chapitre « Du mérite personnel » : « De bien des gens il n'y a que le nom qui voile quelque chose. Quand vous les voyez de fort près, c'est moins que rien ; de loin ils imposent. » — Qui peut être visé par une telle satire?

■ Sur l'ensemble de la fable X. — Caractérisez le ton de cette fable : est-ce le ton habituel aux fables du premier recueil? S'agit-il cependant d'une démonstration rigoureuse? Le titre de la fable ne préfigure-t-il pas déjà le caractère assez particulier de la fable? — En quoi La Fontaine rejoint-il l'opinion de certains moralistes classiques sur les illusions nées de l'imagination?

— Comment la morale ramène-t-elle la fable à une vérité morale de sens commun?

Fable XI : la Grenouille et le Rat.

Source : *le Rat et la Grenouille.* — Un rat de terre par un fâcheux destin s'était lié d'amitié avec une grenouille. Mais celle-ci, qui nourrissait des desseins perfides, attacha la patte du rat à la sienne. Et tout d'abord ils allaient par les champs pour manger. Ensuite ils se rapprochèrent des rives du lac, et la grenouille entraîna le rat au fond en faisant clapoter l'eau et en coassant son brekekex, koax, koax. Le malheureux rat étouffé par l'eau était mort, mais il surnageait, attaché à la patte de la grenouille. Un milan le vit. Il l'emporta dans ses serres, et la grenouille prisonnière suivait, devenue aussi le dîner du milan. Tout homme, même mort, a assez de force pour se venger, car la justice divine veille, la balance en main, à donner à chacun une part équitable (Ésope, dans Nevelet, p. 97).

J'ai regret que ce mot soit trop vieux aujourd'hui;
Il m'a toujours semblé d'une énergie extrême.
5 Mais afin d'en venir au dessein que j'ai pris,
   Un Rat plein d'embonpoint, gras, et des mieux nourris,
   Et qui ne connaissait l'avent ni le carême[1],
   Sur le bord d'un marais égayait ses esprits.
   Une Grenouille approche et lui dit en sa langue :
10 « Venez me voir chez moi; je vous ferai festin. »
            Messire Rat promit soudain[2] :
   Il n'était pas besoin de plus longue harangue.
   Elle allégua pourtant les délices du bain,
   La curiosité, le plaisir du voyage,
15 Cent raretés à voir le long du marécage :
   Un jour il conterait à ses petits-enfants
   `Les beautés de ces lieux, les mœurs des habitants,
   Et le gouvernement de la chose publique[3]
            Aquatique.
20 Un point, sans plus, tenait le galant empêché[4] :
   Il nageait quelque peu, mais il fallait de l'aide.
   La Grenouille à cela trouve un très bon remède :
   Le Rat fut à son pied par la patte attaché;
            Un brin de jonc en fit l'affaire[5].
25 Dans le marais entrés[6], notre bonne commère
   S'efforce de tirer son hôte au fond de l'eau,
   Contre le droit des gens, contre la foi jurée;
   Prétend qu'elle en fera gorge chaude et curée[7];
   C'était, à son avis, un excellent morceau.
30 Déjà dans son esprit la galande le croque.

---

1. *Avent* (les quatre semaines précédant Noël) et *Carême* (les quarante jours précédant Pâques) : périodes de jeûne obligatoire; 2. *Soudain :* aussitôt; 3. *La chose publique :* l'État; 4. *Empêché :* embarrassé; *galant :* amateur de bonne chère (même sens au féminin, vers 30); 5. *En faire l'affaire :* tenir lieu de lien; 6. Construction libre du participe, comme souvent au XVIIᵉ siècle; 7. *Gorge chaude :* viande de gibier encore chaude qu'on donne aux oiseaux de fauconnerie; *curée :* part prélevée sur le gibier et réservée aux chiens (terme de vénerie).

■ QUESTIONS

● Vers 1-4. En quoi ces vers nous renseignent-ils sur les goûts littéraires de La Fontaine? Sur quel ton la confidence est-elle faite? Pourquoi ne paraît-elle pas pédante?

● Vers 5-19. Le pittoresque dans le portrait du rat : les expressions des vers 6 et 7 sont-elles exactement synonymes? Comment le portrait est-il précisé par le vers 11? — Pourquoi La Fontaine ajoute-t-il les vers 13-19, après avoir dit : *Il n'était pas besoin de plus longue harangue?* Étudiez le mélange de vérité humaine et de fantaisie poétique.

Il atteste les dieux; la perfide s'en moque :
Il résiste; elle tire. En ce combat nouveau,
Un milan, qui dans l'air planait, faisait la ronde,
Voit d'en haut le pauvret se débattant sur l'onde.
35 Il fond dessus, l'enlève et, par même moyen,
       La Grenouille et le lien.
       Tout en fut; tant et si bien,
       Que de cette double proie
       L'oiseau se donne au cœur joie,
40   Ayant, de cette façon,
       A souper chair et poisson.

       La ruse la mieux ourdie[1]
       Peut nuire à son inventeur,
       Et souvent la perfidie
45   Retourne sur son auteur.

XV. — LE LOUP, LA CHÈVRE ET LE CHEVREAU

La Bique, allant remplir sa traînante mamelle,
       Et paître l'herbe nouvelle,

-----

1. *Ourdir :* machiner un complot (sens figuré).

───────── **QUESTIONS** ─────────────

● VERS 20-41. Les vers 20-24 mêlent logique et fantaisie : montrez-le.
— Par quels procédés La Fontaine donne-t-il aux vers 25-32 leur intensité dramatique? — Quelle nouvelle perspective est ouverte sur ce
combat par la brusque apparition du milan? Comment le sentiment
du poète apparaît-il au vers 34? Comment le dénouement est-il mis
en relief par l'emploi de l'heptasyllabe?

● VERS 42-45. La morale de cette fable montre que la perfidie n'est pas
toujours payante. A qui le fabuliste semble-t-il donc s'adresser? Est-ce
courant chez La Fontaine? — Les perfides sont-ils toujours victimes
de leur ruse dans les fables de La Fontaine?

■ SUR L'ENSEMBLE DE LA FABLE XI. — Cette fable est un chef-d'œuvre de
« gaieté » : montrez-le. La verve joyeuse et le plaisir de conter : comment
apparaissent-ils?
    — Composition dramatique de cette fable; la progression de l'intérêt;
qu'est-ce qui tempère le pathétique de l'enlèvement du rat?

Fable XV : **le Loup, la Chèvre et le Chevreau.**

● VERS 1-14. A quoi tient le pittoresque du premier vers? Étudiez son
rythme et ses sonorités. — Montrez la vivacité du récit dans ces vers :
quelle allure donne l'heptasyllabe au passage?

Ferma sa porte au loquet,
Non sans dire à son biquet :
5   « Gardez-vous, sur votre vie,
D'ouvrir que l'on ne vous die[1]
Pour enseigne[2] et mot du guet :
Foin du loup et de sa race ! »
Comme elle disait ces mots,
10   Le Loup, de fortune[3], passe.
Il les recueille à propos
Et les garde en sa mémoire.
La Bique, comme on peut croire,
N'avait pas vu le glouton.
15 Dès qu'il la voit partie, il contrefait son ton
Et, d'une voix papelarde,
Il demande qu'on ouvre, en disant : « Foin du loup ! »
Et croyant entrer tout d'un coup[4].
Le Biquet soupçonneux par la fente regarde :
20 « Montrez-moi patte blanche ou je n'ouvrirai point »,
S'écria-t-il d'abord[5]. Patte blanche est un point
Chez les loups, comme on sait, rarement en usage.
Celui-ci, fort surpris d'entendre ce langage,
Comme il était venu s'en retourna chez soi.
25 Où serait le Biquet s'il eût ajouté foi
Au mot du guet que, de fortune,
Notre Loup avait entendu ?

Deux sûretés[6] valent mieux qu'une,
Et le trop en cela ne fut jamais perdu.

---

1. *Die* : forme fréquente du subjonctif au XVIIᵉ siècle; **2.** *Enseigne* : mot de passe; **3.** *De fortune* : par hasard (comparer à *d'aventure* dans *le Meunier, son Fils et l'Ane*, III, ɪ, vers 42); **4.** D'emblée; **5.** *D'abord* : aussitôt; **6.** *Sûreté* : précaution.

━━━━ **QUESTIONS** ━━━━

● Vers 15-29. Étudiez le mètre des vers 16 et 18. — Comment s'exprime l'ironie du poète au vers 22? — Par quoi se marque la déconvenue du loup? Pourquoi La Fontaine reprend-il au vers 26 l'expression *de fortune* déjà utilisée au vers 10? Quelle importance a ce détail pour généraliser la morale?

■ Sur l'ensemble de la fable XV. — Le charme du récit : la contribution qu'y apporte l'emploi du mètre; celui des mots familiers.
— L'étude psychologique : comment s'allient les traits propres à la chèvre et au chevreau, et les traits humains?
— Montrez, d'après cet exemple, l'importance relative du récit et de la moralité. Rapprochez cette dernière de celle de la fable XVIII du livre III.

XVI. — LE LOUP, LA MÈRE ET L'ENFANT

Ce Loup[1] me remet en mémoire
Un de ses compagnons qui fut encor mieux pris :
    Il y périt. Voici l'histoire :

Un villageois avait à l'écart son logis.
5 Messer Loup attendait chape-chute[2] à la porte :
Il avait vu sortir gibier de toute sorte,
    Veaux de lait, agneaux et brebis,
Régiments de dindons, enfin bonne provende[3].
Le larron commençait pourtant à s'ennuyer.
10   Il entend un enfant crier :
    La mère aussitôt le gourmande,
    Le menace, s'il ne se tait,
De le donner au loup. L'animal se tient prêt,
Remerciant les dieux d'une telle aventure,
15 Quand la mère, apaisant sa chère géniture[4],
Lui dit : « Ne criez point ; s'il vient, nous le tuerons.
    — Qu'est ceci ? s'écria le mangeur de moutons :
Dire d'un, puis d'un autre[5] ! Est-ce ainsi que l'on traite
Les gens faits comme moi ? Me prend-on pour un sot ?
20   Que quelque jour ce beau marmot
    Vienne au bois cueillir la noisette ! »

---

1. Cette fable et la précédente étaient réunies dans les éditions originales ; 2. *Chape-chute :* bonne occasion, heureuse trouvaille (étymologiquement « manteau tombé ») ; 3. *Provende :* provision de vivres ; 4. *Géniture :* progéniture ; 5. D'une façon, puis d'une autre.

————— **QUESTIONS** —————

Fable XVI : **le Loup, la Mère et l'Enfant.**

SOURCE : *le Loup et la Vieille Femme.* — Un loup affamé rôdait cherchant pâture. Arrivé à un certain endroit, il entendit un petit enfant se plaindre et une vieille femme lui dire : « Cesse de pleurer, sinon, sur-le-champ, je te donnerai au loup. » Le loup, pensant que la vieille disait la vérité, se tint là, attendant un long moment. Le soir venu, il entend de nouveau la vieille femme, mais elle flattait l'enfant et lui disait : « Si le loup vient, mon enfant, nous le tuerons. » A ces mots, le loup s'en alla en disant : « Dans cette maison, on dit une chose et on fait l'autre. » Cette fable s'adresse aux hommes dont les actes ne répondent pas aux paroles (Ésope, dans Nevelet, p. 200).

● VERS 1-9. Pourquoi La Fontaine relie-t-il cette fable à la précédente ? Peut-on en tirer une conclusion sur la façon dont le poète souhaite qu'on lise ses fables ? — Quel décor est suggéré par les vers 4-8 ? — Quels sentiments, quelle attitude évoque le vers 9 ?

Comme il disait ces mots, on sort de la maison :
Un chien de cour[1] l'arrête; épieux et fourches-fières[2]
　　　L'ajustent[3] de toutes manières.
25 « Que veniez-vous chercher en ce lieu? » lui dit-on.
　　　Aussitôt il conta l'affaire.
　　　« Merci de moi[4]! lui dit la mère;
Tu mangeras mon fils! l'ai-je fait à dessein
　　　Qu'il assouvisse un jour ta faim? »
30　　　On assomma la pauvre bête.
Un manant[5] lui coupa le pied droit et la tête :
Le seigneur du village à sa porte les mit;
Et ce dicton picard à l'entour fut écrit :

　　　« Biaux chires leups, n'écoutez mie
35　　　« Mère tenchent chen fieux qui crie[6]. »

XXI. — L'ŒIL DU MAÎTRE

Un Cerf s'étant sauvé[7] dans une étable à Bœufs,
　　　Fut d'abord[8] averti par eux
　　　Qu'il cherchât un meilleur asile.
« Mes frères, leur dit-il, ne me décelez pas :

---

　1. Chien de garde; 2. *Fourches-fières :* fourches de fer à deux dents longues et aiguës; 3. *Ajuster :* accommoder, arranger (ironique); 4. Grâce pour moi; 5. *Manant :* paysan; 6.
　　　　Beaux sires loups, n'écoutez pas
　　　　Mère tançant son fils qui crie (dialecte picard);
　7. *Se sauver :* se mettre à l'abri; 8. *D'abord :* tout de suite.

5 Je vous enseignerai les pâtis¹ les plus gras;
   Ce service vous peut quelque jour être utile,
       Et vous n'en aurez point regret. »
   Les Bœufs, à toutes fins², promirent le secret.
   Il se cache en un coin, respire et prend courage.
10 Sur le soir on apporte herbe fraîche et fourrage,
       Comme l'on faisait tous les jours :
       L'on va, l'on vient, les valets font cent tours,
       L'intendant même; et pas un d'aventure³
           N'aperçut ni corps⁴, ni ramure,
15   Ni Cerf enfin. L'habitant des forêts
   Rend déjà grâce aux Bœufs, attend dans cette étable
   Que, chacun retournant au travail de Cérès⁵,
   Il trouve pour sortir un moment favorable.

---

1. *Pâtis* : pâturage; 2. Quoi qu'il dût arriver; 3. *D'aventure* : incidemment, par hasard (voir *le Meunier, son Fils et l'Ane*, III, I, vers 42); 4. Texte définitif. Les éditions de 1668 portent *cors* (petites cornes qui sortent du bois du cerf); 5. Aux travaux des champs; Cérès était la déesse latine de l'Agriculture.

————— QUESTIONS —————

Fable XXI : l'**Œil du Maître**.

SOURCE : *le Cerf et les Bœufs.* — Un cerf, poursuivi hors de la retraite qu'il avait dans la forêt, voulait échapper à la mort dont le menaçaient les chasseurs. En proie à une terreur aveugle il entre dans une ferme voisine et se cacha dans une étable à bœufs. Quand il se fut dissimulé : « Quelle idée t'est venue, dit un bœuf, de courir de toi-même à la mort et de confier ta vie à la demeure des hommes? » Et le cerf suppliant : « Vous du moins, dit-il, épargnez-moi. A la première occasion, je m'échapperai. » La nuit succède au jour. Le bouvier apporte du feuillage et il ne voit rien. Tous les gens de la ferme vont et viennent et personne ne le remarque. Le régisseur passe à son tour, et lui non plus ne s'aperçoit de rien. Alors l'animal sauvage, rempli de joie, commence à rendre grâce aux bœufs, qui goûtent le repos, de ce qu'ils lui ont donné l'hospitalité dans sa détresse. L'un d'eux répond : « Nous désirons ton salut, certes, mais l'autre, l'homme aux cent yeux, s'il vient, ta vie sera en grand danger. » Là-dessus le maître à son tour revient de dîner. Et comme il avait vu récemment ses bœufs mal soignés, il approche du râtelier : « Pourquoi si peu de feuillage? La litière manque. Enlever ces toiles d'araignée, est-ce un si grand travail? » En examinant de près toutes choses, la haute ramure du cerf lui apparaît aussi. Il appelle toute la maisonnée; il ordonne de tuer et d'emporter cette proie. Cette fable veut dire que c'est le maître qui voit le plus clair dans ses affaires (Phèdre, II, VIII, dans Nevelet, p. 414).

● VERS 1-9. La prière du cerf ne fait-elle appel qu'aux bons sentiments des bœufs? Comment ses premiers mots en donnent-ils le ton (vers 4)? — Quelle nuance La Fontaine marque-t-il dans l'acceptation des bœufs (vers 8)? Comment le vers 9 montre-t-il que le cerf reprend courage?

● VERS 10-18. Par quels procédés le fabuliste rend-il présente l'activité des valets? Le vers 11 n'explique-t-il pas pour une bonne part que le cerf ne soit pas aperçu (opposez ce vers au vers 31)? Montrez que le rythme des vers 12-15 souligne une agitation superficielle.

L'un des Bœufs ruminant lui dit : « Cela va bien;
20 Mais quoi! l'homme aux cent yeux[1] n'a pas fait sa revue.
      Je crains fort pour toi sa venue;
Jusque-là, pauvre Cerf, ne te vante de rien. »
Là-dessus le Maître entre et vient faire sa ronde.
    « Qu'est ce-ci[2]? dit-il à son monde;
25 Je trouve bien peu d'herbe en tous ces râteliers;
Cette litière est vieille; allez vite aux greniers;
Je veux voir désormais vos bêtes mieux soignées.
Que coûte-t-il d'ôter toutes ces araignées?
Ne saurait-on ranger ces jougs et ces colliers? »
30 En regardant à tout, il voit une autre tête
Que celles qu'il voyait d'ordinaire en ce lieu.
Le Cerf est reconnu : chacun prend un épieu;
      Chacun donne un coup à la bête.
Ses larmes[3] ne sauraient la sauver du trépas.
35 On l'emporte, on la sale, on en fait maint repas,
      Dont maint voisin s'éjouit[4] d'être.

    Phèdre sur ce sujet dit fort élégamment :
      Il n'est, pour voir, que l'œil du Maître.
    Quant à moi, j'y mettrais encor l'œil de l'amant.

---

1. L'expression évoque *Argus*, personnage mythologique qui avait cent yeux; ici, *le Maître*; 2. *Ci* est un adverbe de lieu, indépendant de *ce*; 3. La tradition veut que le cerf aux abois verse des larmes; 4. *S'éjouir* : se réjouir (emploi rare).

QUESTIONS

● Vers 19-29. Montrez que le maître est bien l'homme aux cent yeux. Étudiez le ton et le caractère du personnage. — Sur quel ton parle-t-on du maître (vers 20-21)? Qu'ajoute sur ce point le double sens possible de *ruminant* (vers 19)? — Montrez que le vers 23, par son mètre, son absence de coupe forte, marque la lenteur appliquée avec laquelle le maître passe son inspection.

● Vers 30-36. Indiquez les procédés qui donnent au dénouement son allure vivante et rapide. Les vers 35-36 vous paraissent-ils nécessaires? Qu'ajoutent-ils à la fable?

● Vers 37-39. De quelle nature est l'effet produit par le trait final?

■ Sur l'ensemble de la fable XXI. — Expliquez ce que Chamfort dit de cette fable : « L'intention morale en est excellente, et les plus petites circonstances s'y rapportent avec une adresse ou un bonheur infini. »
    — A quoi tient la vérité des images précises et rapides des bœufs et du cerf, des valets et du maître.
    — Le rythme du récit : montrez comment il se modifie suivant les différentes péripéties.

XXII. — L'ALOUETTE ET SES PETITS
AVEC LE MAÎTRE D'UN CHAMP

Ne t'attends[1] qu'à toi seul; c'est un commun proverbe.
      Voici comme Ésope[2] le mit
          En crédit :

      Les alouettes font leur nid
5   Dans les blés, quand ils sont en herbe,
      C'est-à-dire environ le temps
Que tout aime et que tout pullule dans le monde,
      Monstres marins au fond de l'onde,
Tigres dans les forêts, alouettes aux champs[3].
10   Une pourtant de ces dernières
Avait laissé passer la moitié d'un printemps
Sans goûter le plaisir des amours printanières.
A toute force enfin elle se résolut
D'imiter la nature et d'être mère encore.
15 Elle bâtit un nid, pond, couve et fait éclore
A la hâte : le tout alla du mieux qu'il put.
Les blés d'alentour mûrs avant que la nitée[4]
      Se trouvât assez forte encor
      Pour voler et prendre l'essor,
20 De mille soins[5] divers l'Alouette agitée
S'en va chercher pâture, avertit ses enfants
D'être toujours au guet et faire sentinelle.
      « Si le possesseur de ces champs
Vient avecque son fils, comme il viendra[6], dit-elle,

---

1. Ne te fie...; 2. La fable ésopique est perdue; 3. Ce passage rappelle Lucrèce, *Invocation à Vénus;* 4. *Nitée :* nichée (forme dialectale, probablement picarde); 5. *Soins :* soucis; 6. Et c'est chose certaine qu'il le fera.

─────── **QUESTIONS** ───────

Fable XXII : **l'Alouette et ses petits avec le Maître d'un champ.**

● Vers 1-3. Comment la morale est-elle mise en relief? Étudiez les mètres de ce préambule.

● Vers 4-14. Quelle est l'idée essentielle de cet hymne au printemps? De quoi est faite sa beauté poétique? Les vers 10-12 sont-ils inutiles pour la suite du récit?

25 Écoutez bien : selon ce qu'il dira
    Chacun de nous décampera. »
 Sitôt que l'Alouette eut quitté sa famille,
 Le possesseur du champ vient avecque son fils.
 « Ces blés sont mûrs, dit-il : allez chez nos amis
30 Les prier que chacun, apportant sa faucille,
 Nous vienne aider demain dès la pointe du jour. »
    Notre Alouette de retour
    Trouve en alarme sa couvée.
 L'un commence : « Il a dit que, l'aurore levée,
35 L'on fît venir demain ses amis pour l'aider.
  — S'il n'a dit que cela, repartit l'Alouette,
 Rien ne nous presse encor de changer de retraite;
 Mais c'est demain qu'il faut tout de bon écouter.
 Cependant[1] soyez gais; voilà de quoi manger. »
40 Eux repus, tout s'endort, les petits et la mère.
 L'aube du jour arrive, et d'amis point du tout.
 L'Alouette à l'essor[2], le maître s'en vient faire
 Sa ronde ainsi qu'à l'ordinaire.
 « Ces blés ne devraient pas, dit-il, être debout.
45 Nos amis ont grand tort, et tort[3] qui se repose
 Sur de tels paresseux, à servir ainsi lents.
    Mon fils, allez chez nos parents
    Les prier de la même chose. »
 L'épouvante est au nid plus forte que jamais.
50 « Il a dit ses parents, mère! c'est à cette heure...
    — Non, mes enfants; dormez en paix :
    Ne bougeons de notre demeure. »

---

1. *Cependant* : en attendant; 2. Pendant que l'alouette vole au loin à d'autres occupations; 3. Ellipse du verbe *avoir*.

━━━━ ● **QUESTIONS** ━━━━━━━━━━━━━━━━━

● Vers 15-26. Montrez que l'alouette se comporte en mère. La Fontaine veut-il nous donner l'impression qu'il ne s'agit là que d'un instinct animal? Comment ce glissement du plan animal au plan humain est-il facilité par la réputation de vivacité de l'alouette?

● Vers 26-40. Comment est esquissé le portrait du maître? — Opposez le calme de l'alouette à l'agitation de ses petits. Montrez la richesse suggestive du vers 40 (idée, vocabulaire, ordre des mots, rythme, sonorités).

● Vers 41-53. Montrez que le caractère du maître se précise : sur quel ton s'exprime-t-il? Le personnage ne fait-il pas penser à l'homme aux cent yeux de la fable précédente? — Comparez les vers 51-52 aux vers 36-39 : montrez que l'alouette prend un ton d'autant plus rassurant que l'affolement de ses petits s'accroît.

L'Alouette eut raison; car personne ne vint.
Pour la troisième fois, le maître se souvint
55 De visiter ses blés. « Notre erreur est extrême,
Dit-il, de nous attendre¹ à d'autres gens que nous.
Il n'est meilleur ami ni parent que soi-même.
Retenez bien cela, mon fils. Et savez-vous
Ce qu'il faut faire? Il faut qu'avec notre famille²
60 Nous prenions dès demain chacun une faucille :
C'est là notre plus court³; et nous achèverons
Notre moisson quand nous pourrons. »
Dès lors que ce dessein fut su de l'Alouette :
« C'est ce coup qu'il est bon de partir, mes enfants! »
65 Et les petits, en même temps,
Voletants, se culebutants⁴,
Délogèrent tous sans trompette.

---

1. *S'attendre à* : compter sur (voir le vers Iᵉʳ); 2. *Famille* : nos gens (voir *le Jardinier et son Seigneur*, IV, IV, vers 35); 3. C'est le moyen le plus rapide et le plus sûr pour nous; 4. La Fontaine ajoute ici un *e* muet pour des raisons de prosodie, par analogie avec certains mots (pale*f*renier, pel*u*che) où le *e* pouvait s'écrire ou non.

─────── **QUESTIONS** ───────

● Vᴇʀs 54-62. Comment évolue le rôle du maître d'épisode en épisode? Comment garde-t-il ici son autorité, malgré les deux erreurs qu'il a commises?

● Vᴇʀs 63-67. Analysez le pittoresque des trois derniers vers (vocabulaire, mètre, rythme, sonorités).

■ Sᴜʀ ʟ'ᴇɴsᴇᴍʙʟᴇ ᴅᴇ ʟᴀ ꜰᴀʙʟᴇ XXII. — Étudiez la composition de la fable et sa progression dramatique : comment se répartit dans chaque épisode le rôle des oiseaux et celui du maître du champ?
— Recherchez comment l'auteur traduit les différents sentiments dans les dialogues : efforts de l'alouette pour rassurer ses petits sans cependant leur donner d'explication inutile; autorité chez le maître; inquiétude et effroi des petits oiseaux. De l'alouette ou du maître, quel est celui qui a le plus d'expérience et de décision?
— Peut-on dire, selon l'expression de Sainte-Beuve, que cette fable sent « le pays et le terroir »?

LIVRE CINQUIÈME

I. — LE BÛCHERON ET MERCURE

À M. LE C. D. B.[1]

Votre goût a servi de règle à mon ouvrage :
J'ai tenté les moyens d'acquérir son suffrage.
Vous voulez qu'on évite un soin trop curieux[2],
Et des vains ornements l'effort ambitieux;
5 Je le veux comme vous : cet effort ne peut plaire.
Un auteur gâte tout quand il veut trop bien faire.
Non qu'il faille bannir certains traits délicats :
Vous les aimez, ces traits; et je ne les hais pas.
Quant au principal but qu'Ésope se propose,
10   J'y tombe au moins mal que je puis.
Enfin, si dans ces vers je ne plais et n'instruis,
Il ne tient pas à moi; c'est toujours quelque chose.
        Comme la force[3] est un point
        Dont je ne me pique point,
15 Je tâche d'y tourner le vice en ridicule,
Ne pouvant l'attaquer avec des bras d'Hercule.

_____

1. Probablement le _comte de Brienne_, ancien secrétaire d'État; **2.** _Curieux_ :
minutieux; **3.** _Force_ : style héroïque.

─────── **QUESTIONS** ───────

Fable I : le Bûcheron et Mercure.

SOURCE : _le Bûcheron et Hermès._ — Un bûcheron, travaillant près d'un
fleuve, y laissa tomber sa hache. Il restait assis près du bord, ne sachant que
faire, et se lamentait. Mercure apprit la cause de ses plaintes et, le prenant
en pitié, plongea dans le fleuve. Il en retira une hache d'or et lui demanda si
c'était celle-là qu'il avait perdue. L'homme répondit que non. Il redescendit
et en rapporta une d'argent. L'autre ayant dit que celle-là non plus n'était
pas à lui, pour la troisième fois il se jeta à l'eau et rapporta celle même du bûcheron. Comme il affirmait que celle-là était vraiment celle qu'il avait perdue,
Mercure, charmé de son honnêteté, les lui donna toutes les trois. Ensuite,
l'homme, se trouvant au milieu de ses amis, leur raconta son aventure. L'un
d'entre eux voulut en faire autant. Il vint au bord du fleuve. À dessein, il lâcha
dans le courant sa propre hache et s'assit en pleurant. Mercure lui apparut
à lui aussi et apprit la cause de ses plaintes. Il descendit comme la première
fois, remonta une hache d'or et lui demanda si c'était celle-là qu'il avait perdue.
L'autre tout joyeux : « Oui, vraiment, c'est celle-là », lui dit-il. Le dieu, ayant
en horreur une telle impudence, non seulement la garda, mais ne lui donna
même pas la sienne propre. Cette fable montre qu'autant la divinité favorise
les justes, autant elle est hostile aux méchants (Ésope, dans Nevelet, p. 125).

C'est là tout mon talent; je ne sais s'il suffit.
        Tantôt je peins en un récit
La sotte vanité jointe avecque l'envie,
20 Deux pivots sur qui roule aujourd'hui notre vie.
        Tel est ce chétif animal
Qui voulut en grosseur au bœuf se rendre égal[1].
J'oppose quelquefois, par une double image,
Le vice à la vertu, la sottise au bon sens,
25   Les Agneaux aux Loups ravissants[2],
La Mouche à la Fourmi[3], faisant de cet ouvrage
Une ample comédie à cent actes divers,
        Et dont la scène est l'univers.
Hommes, dieux, animaux, tout y fait quelque rôle :
30 Jupiter comme un autre. Introduisons celui[4]
Qui porte de sa part aux belles la parole :
Ce n'est pas de cela[5] qu'il s'agit aujourd'hui.

        Un Bûcheron perdit son gagne-pain,
        C'est sa cognée; et la cherchant en vain,
35   Ce fut pitié là-dessus de l'entendre.
        Il n'avait pas des outils à revendre.
        Sur celui-ci roulait tout son avoir.
        Ne sachant[6] donc où mettre son espoir,
        Sa face était de pleurs toute baignée :
40   « O ma cognée! ô ma pauvre cognée!
        S'écriait-il : Jupiter, rends-la moi;
        Je tiendrai l'être[7] encore un coup de toi. »

---

1. *La Grenouille qui veut se faire aussi grosse que le Bœuf*, I, III; 2. *Le Loup et l'Agneau*, I, X; 3. Titre de la troisième fable du livre IV; 4. Mercure, messager galant de Jupiter (qui joue ce rôle dans l'*Amphitryon* de Molière, janvier 1668); 5. *Cela* : les messages aux belles; 6. Construction libre du participe; possible au XVIIe siècle; 7. *L'être* : l'existence, la vie.

QUESTIONS

● VERS 1-32. Quelles sont les idées littéraires contenues dans ce prologue? — Que signifie le vers 20? Qui peut-il viser? — Quelles fables La Fontaine prend-il comme exemples et pourquoi? Justifiez les vers 27-28 et montrez que le retour cyclique des mêmes animaux contribue à justifier cette définition. — Comparez ce prologue à la première fable du livre II. — Comment se fait le passage du prologue au récit? Est-il naturel?

● VERS 33-42. Quelle remarque faites-vous sur l'ordre des mots *gagne-pain* et *cognée* (vers 33-34)? Comment l'expliquez-vous? — Pourquoi La Fontaine insiste-t-il sur la pauvreté du bûcheron? Quel sentiment éprouve le lecteur devant la douleur du bûcheron? Comment le poète crée-t-il une impression de plus en plus pathétique?

Sa plainte fut de l'Olympe entendue.
Mercure vient. « Elle n'est pas perdue,
45 Lui dit ce Dieu; la connaîtras[1]-tu bien?
Je crois l'avoir près d'ici rencontrée. »
Lors une d'or à l'homme étant montrée[2],
Il répondit : « Je n'y demande rien[3]. »
Une d'argent succède à la première,
50 Il la refuse. Enfin une de bois.
« Voilà, dit-il, la mienne cette fois :
Je suis content si j'ai cette dernière.
— Tu les auras, dit le Dieu, toutes trois :
Ta bonne foi sera récompensée.
55 — En ce cas-là je les prendrai, dit-il. »
L'histoire en est aussitôt dispersée[4];
Et boquillons[5] de perdre leur outil,
Et de crier pour se le faire rendre.
Le roi des Dieux ne sait auquel entendre.
60 Son fils Mercure aux criards vient encor;
A chacun d'eux il en montre une d'or.
Chacun eût cru passer pour une bête
De ne pas dire aussitôt : « La voilà! »
Mercure, au lieu de donner celle-là,
65 Leur en décharge un grand coup sur la tête.

Ne point mentir, être content du sien[6],
C'est le plus sûr : cependant on s'occupe
A dire faux pour attraper du bien.
Que sert cela? Jupiter n'est pas dupe.

---

1. *Connaître :* reconnaître (voir *l'Enfant et le Maître d'école*, I, XIX, vers 21); **2.** Voir vers 38 et la note; **3.** Je ne la revendique pas; **4.** *Dispenser :* divulguer; **5.** *Boquillons :* bûcherons (vieux mot); **6.** *Le sien :* ce que l'on possède.

─── **QUESTIONS** ───

● VERS 43-55. Chez Rabelais, Mercure présente les trois haches en même temps : la triple tentation du paysan, dans cette fable, crée-t-elle un intérêt dramatique et psychologique? Étudiez la place des mots *or*, *argent*, *bois*.

● VERS 56-65. Cherchez les procédés qui donnent au passage sa vivacité et sa rapidité. Quel est leur intérêt psychologique? — Quel est le ton du dénouement (vers 64-65); étudiez-en le rythme et les sonorités.

● VERS 66-69. Étudiez l'art de généraliser dans la morale. Quelle application celle-ci peut-elle avoir dans la vie sociale, si on identifie Jupiter au roi ou, d'une façon plus générale, au pouvoir?

■ *Les questions relatives à l'ensemble de la fable première se trouvent page 110.*

II. — LE POT DE TERRE ET LE POT DE FER

Le Pot de fer proposa
Au Pot de terre un voyage.
Celui-ci s'en excusa,
Disant qu'il ferait que sage[1]
5   De garder le coin du feu;
Car il lui fallait si peu,
Si peu, que la moindre chose
De son débris[2] serait cause :
Il n'en reviendrait morceau.
10   « Pour vous, dit-il, dont la peau
Est plus dure que la mienne
Je ne vois rien qui vous tienne[3].
— Nous vous mettrons à couvert,
Repartit le Pot de fer :
15   Si quelque matière dure
Vous menace d'aventure[4],
Entre deux je passerai,
Et du coup vous sauverai. »

---

1. Agirait en sage; 2. *Débris* : destruction; 3. *Tenir* : retenir; 4. *D'aventure* : par hasard (voir *le Meunier, son Fils et l'Ane*, III, I, vers 42).

--- **QUESTIONS** ---

■ SUR L'ENSEMBLE DE LA FABLE PREMIÈRE. — Dégagez, d'après la première partie, les idées esthétiques et littéraires de La Fontaine; comparez-les à celles qu'il exprime dans la Préface et dans la première fable du livre II. Ses idées sur la fable.

— Peut-on deviner d'après la réponse de La Fontaine les opinions exprimées par le destinataire de cette épître?

— Quelles qualités le décasyllabe donne-t-il à ce récit? Étudiez également la disposition des rimes.

— Comment la fable se rattache-t-elle au développement qui la précède?

Fable II : le **Pot de terre et le Pot de fer.**

● VERS 1-18. D'après le début du poème, montrez que cette fable est fondée sur une donnée burlesque. Pourquoi ces deux ustensiles devraient-ils moins que d'autres songer à voyager? Quel intérêt offre la répétition de *si peu* aux vers 6-7? — Qu'a de pittoresque l'idée des vers 10-11? — Quel effet produit le *nous* du vers 13 et que reflète-t-il du personnage?

Cette offre le persuade.
20 Pot de fer son camarade
Se met droit à ses côtés.
Mes gens s'en vont à trois pieds,
Clopin-clopant comme ils peuvent,
L'un contre l'autre jetés
25 Au moindre hoquet[1] qu'ils treuvent[2].
Le Pot de terre en souffre; il n'eut pas fait cent pas
Que par son compagnon il fut mis en éclats,
Sans qu'il eût lieu de se plaindre.

Ne nous associons qu'avecque nos égaux;
30 Ou bien il nous faudra craindre
Le destin d'un de ces pots.

III. — LE PETIT POISSON ET LE PÊCHEUR

Petit poisson deviendra grand,
Pourvu que Dieu lui prête vie;
Mais le lâcher en attendant,
Je tiens pour moi que c'est folie;
5 Car de le rattraper il[3] n'est pas trop certain.

_____

1. *Hoquet :* heurt, cahot; 2. *Treuvent :* forme poétique pour « trouvent »; 3. *Il :* ce (valeur neutre).

─────── **QUESTIONS** ───────

● VERS 19-31. Rapprochez les vers 20-21 du vers 13; en quoi ce détail a-t-il de l'importance? Montrez que c'est aussi un argument qui justifie après coup les craintes du pot de terre. — Étudiez rythme et sonorités des vers 22-25. Quel effet produisent-ils? — Quel est le sens du vers 28?

■ SUR L'ENSEMBLE DE LA FABLE II. — Sur quel point peut-on rapprocher cette fable du *Jardinier et son Seigneur* (IV, IV)?
— Comparez cette fable au texte d'Ésope, dont La Fontaine s'est inspiré : « Un fleuve charriait un pot de terre et un d'airain. Le pot de terre disait à l'autre : « Flotte à l'écart, ne m'approche pas, car si « tu me touches je me brise, même si tu ne voulais j'approche de toi. » La vie est pleine de dangers pour le pauvre quand un maître puissant habite près de lui. » En quoi consiste la supériorité de La Fontaine?

Fable III : **le Petit Poisson et le Pêcheur.**

● VERS 1-5. Montrez comment ce prologue annonce à la fois le récit et la moralité. L'intérêt de la fable s'en trouve-t-il diminué?

Un Carpeau, qui n'était encore que fretin[1],
Fut pris par un Pêcheur au bord d'une rivière.
« Tout fait nombre, dit l'homme, en voyant son butin;
Voilà commencement de chère et de festin :
10   Mettons-le[2] en notre gibecière. »
Le pauvre Carpillon lui dit en sa manière :
« Que ferez-vous de moi? je ne saurais fournir
          Au plus qu'une demi-bouchée.
          Laissez-moi carpe devenir :
15   Je serai par vous repêchée;
Quelque gros partisan[3] m'achètera bien cher :
          Au lieu qu'il vous en faut chercher
          Peut-être encor cent de ma taille
Pour faire un plat : quel plat! croyez-moi, rien qui vaille.
20 — Rien qui vaille! eh bien! soit, repartit le Pêcheur :
Poisson, mon bel ami, qui faites le prêcheur,
Vous irez dans la poêle, et, vous avez beau dire,
          Dès ce soir on vous fera frire. »

Un Tiens vaut, ce[4] dit-on, mieux que deux Tu l'auras :
25   L'un est sûr; l'autre ne l'est pas.

---

1. *Carpeau* est synonyme de *carpillon;* le *fretin* est le menu poisson; **2.** Ne pas
omettre l'élision; **3.** *Partisan :* financier, qui prend à ferme le recouvrement des
impôts; **4.** *Ce* représente les paroles que l'on reproduit (archaïsme).

■ **QUESTIONS**

● Vers 6-23. Étudiez l'attitude réaliste du pêcheur d'après les vers 8-10
et 20-23. Qu'ont de commun les octosyllabes 10 et 23? — Sur quoi
se fondent les arguments du carpeau (vers 11-19)? Fait-il appel à la
pitié? Pourquoi? — Comparez le discours du carpeau avec celui du
pêcheur : ton, rythme en particulier. Le pêcheur a-t-il besoin de beaucoup d'arguments pour répondre au poisson?

● Vers 24-25. Les deux derniers vers vous apparaissent-ils comme
une morale ou comme une simple constatation?

■ Sur l'ensemble de la fable iii. — Étudiez ce qui fait la vivacité de
ce récit. Relevez les traits pittoresques.
    — Sur quoi se fonde essentiellement l'intérêt de cette fable, à votre
avis?
    — Quelle est la portée de la moralité qu'illustre cette fable? Quels
motifs, à l'époque de La Fontaine, pouvaient justifier cette mise en
garde? A-t-elle encore une valeur actuellement?

V. — LE RENARD AYANT LA QUEUE COUPÉE

Un vieux Renard, mais des plus fins,
Grand croqueur[1] de poulets, grand preneur de lapins,
Sentant son renard d'une lieue,
Fut enfin au piège attrapé.
5 Par grand hasard en étant échappé,
Non pas franc[2], car pour gage il y laissa sa queue;
S'étant, dis-je, sauvé sans queue, et tout honteux,
Pour avoir des pareils (comme il était habile),
Un jour que les renards tenaient conseil entre eux :
10 « Que faisons-nous, dit-il, de ce poids inutile,
Et qui va balayant tous les sentiers fangeux?
Que nous sert cette queue? Il faut qu'on se la coupe :
Si l'on me croit, chacun s'y résoudra.
— Votre avis est fort bon, dit quelqu'un de la troupe;
15 Mais tournez-vous, de grâce, et l'on vous répondra. »

——————

1. *Croqueur* : création de La Fontaine; 2. *Franc* : au sens propre, exempt d'impôts; ici, indemne.

——————— QUESTIONS ———————

Fable V : **Le Renard ayant la queue coupée.**

Source : *le Renard écourté.* — Un renard, ayant eu la queue coupée par un piège, en était si honteux qu'il jugeait sa vie impossible; aussi résolut-il d'engager les autres renards à s'écourter de même, afin de cacher dans la mutilation commune son infirmité personnelle. En conséquence, il les assembla tous et les engagea à se couper la queue, disant que c'était non seulement un enlaidissement, mais encore un poids inutile que cet appendice. Mais un des renards prenant la parole, dit : « Hé! camarade, si ce n'était pas ton intérêt, tu ne nous aurais pas donné ce conseil. » Cette fable convient à ceux qui donnent des conseils à leur prochain, non par bienveillance, mais par intérêt personnel (Ésope, dans Nevelet, p. 92).

● Vers 1-4. Le portrait du renard : étudiez jeux de mots et sous-entendus (vers 1-3). Montrez la joie de créer et d'utiliser des mots expressifs (vers 2).

● Vers 5-13. Étudiez le style de la période (vers 5-9) et montrez comment elle traduit le raisonnement du renard. Quel trait de caractère est révélé par son désir d'*avoir des pareils* (vers 8)? Comment la gêne du renard se traduit-elle (vers 7-9)? — Que valent les arguments des vers 10-13? Pourquoi le vers 13 est-il un octosyllabe?

● Vers 14-19. Ironie et brutalité de la réponse (vers 14-16). Qu'a d'amusant la formule *le pauvre écourté* (vers 17)? Quels sentiments traduit-elle chez le fabuliste (comparez à IV, xvi, vers 30; III, xii, vers 28, etc.)? — Étudiez les deux derniers vers : de quels procédés tiennent-ils leur caractère abrupt?

A ces mots il se fit une telle huée,
Que le pauvre écourté ne put être entendu.
Prétendre ôter la queue eût été temps perdu :
     La mode en fut continuée.

VI. — LA VIEILLE ET LES DEUX SERVANTES

Il était une Vieille ayant deux chambrières :
Elles filaient si bien que les sœurs filandières[1]
Ne faisaient que brouiller[2] au prix de celles-ci.
La Vieille n'avait point de plus pressant souci
5 Que de distribuer aux Servantes leur tâche.
Dès que Téthys chassait Phébus aux crins dorés[3],
Tourets[4] entraient en jeu, fuseaux étaient tirés ;
          Deçà, delà, vous en aurez[5] :
          Point de cesse, point de relâche.
10 Dès que l'Aurore, dis-je, en son char remontait,
Un misérable Coq à point nommé chantait ;
Aussitôt notre Vieille, encor plus misérable,
S'affublait d'un jupon crasseux et détestable[6],

---

1. Les Parques, qui filent la vie des hommes ; 2. *Brouiller :* mettre de la confusion et du désordre ; 3. Le Soleil *(Phébus)* semble sortir de la Mer *(Téthys)* comme s'il était chassé par elle ; *aux crins dorés :* épithète de nature de Phébus (*crins :* cheveux [archaïsme]) ; 4. *Touret :* petite bobine d'un rouet, puis le rouet lui-même ; *tirer :* sortir ; 5. De tous les côtés on vous donnera du travail (expression elliptique marquant une activité fiévreuse) ; 6. *Détestable :* digne d'être maudit (par transfert de celui qui le porte à l'objet porté) ; de même que *misérable* (vers 11-12) est synonyme de « méprisable » en un sens nouveau alors (voir Molière, *le Misanthrope*, I, i, vers 133). La Fontaine adopte ici le point de vue des servantes.

——— QUESTIONS ———

■ Sur l'ensemble de la fable v. — Pouvez-vous trouver une morale à cette fable, à laquelle le fabuliste n'en a pas donné ?
— Étudiez le mélange de malice, de cruauté et de sympathie qui se marquent ici à l'égard du renard *écourté*. Montrez que chacune de ces trois attitudes concerne un aspect différent de l'aventure et de son héros.

Fable VI : la Vieille et les Deux Servantes.

Source : *la Femme et les Servantes.* — Une veuve laborieuse avait des servantes qu'elle avait coutume d'éveiller en pleine nuit, au chant du coq, pour travailler. Celles-ci, excédées de fatigue, pensèrent qu'il fallait étrangler le coq de la maison, car il était, d'après elles, la cause de leurs maux en réveillant de nuit leur maîtresse. Mais il leur arriva, cela fait, de tomber dans des maux pires encore, car leur maîtresse, ignorant l'heure où chante le coq, les réveillait encore plus tôt dans la nuit. Ainsi, pour beaucoup de gens, leurs propres calculs tournent à leur préjudice (Ésope, dans Nevelet, p. 154).

Allumait une lampe, et courait droit au lit
15 Où, de tout leur pouvoir, de tout leur appétit¹,
      Dormaient les deux pauvres Servantes.
  L'une entr'ouvrait un œil, l'autre étendait un bras,
      Et toutes deux, très malcontentes,
  Disaient entre leurs dents : « Maudit Coq! tu mourras! »
20 Comme elles l'avaient dit, la bête fut grippée².
  Le réveille-matin eut la gorge coupée.
  Ce meurtre n'amenda nullement leur marché³ :
  Notre couple, au contraire, à peine était couché
  Que la Vieille, craignant de laisser passer l'heure,
25 Courait comme un lutin par toute sa demeure.

      C'est ainsi que, le plus souvent,
  Quand on pense sortir d'une mauvaise affaire,
      On s'enfonce encor plus avant :
      Témoin ce couple et son salaire⁴.
30 La Vieille au lieu du Coq⁵ les fit tomber par là
      De Charybde en Scylla⁶.

---

    1. *Appétit :* désir fondé sur un besoin physique ; **2.** *Gripper :* saisir (comme avec une griffe) ; **3.** N'améliora pas leur condition ; **4.** *Salaire :* récompense ; **5.** Remplaçant le coq ; **6.** Tomber d'un mal dans un autre pire que le premier.

--- **QUESTIONS** ---

● Vers 1-19. Comment est composé ce tableau? Montrez que la description de ce lever matinal se développe en deux mouvements parallèles (vers 1-9 et 10-19) qui précisent peu à peu les détails de la scène. — Ésope parle d'une veuve laborieuse : comment La Fontaine transforme-t-il le personnage? — Le burlesque : soulignez l'union du style noble et du réalisme cru. — Qu'évoque le rythme des vers 7-9? Étudiez le contraste entre les vers 10 et 11. — Expliquez le jeu sur le sens de l'adjectif *misérable* (vers 11 et 12); comment ce mot acquiert-il plus de force du fait de sa place dans chacun des deux vers? — Par quels procédés le poète évoque-t-il le besoin de sommeil des servantes, puis leur rancune?

● Vers 20-25. Montrez la justesse expressive du mot *grippée*. Montrez comment La Fontaine marque sa réprobation par le choix des mots employés. A quoi tient la rapidité des vers 24-25?

● Vers 26-31. Comment se présente ici la moralité? Montrez que cette solution en renforce la valeur.

■ Sur l'ensemble de la fable VI. — Étudiez les procédés qui permettent au fabuliste de donner tant de relief à ses personnages et au cadre dans lequel ils vivent.
    — Les allusions mythologiques rompent-elles l'harmonie du récit? Quel emploi du burlesque est fait ici?

LA VIEILLE ET LES DEUX SERVANTES
Illustration de Gustave Doré (1833-1883).

LA POULE AUX ŒUFS D'OR
Illustration de Gustave Doré (1833-1883).

VII. — LE SATYRE ET LE PASSANT

Au fond d'un antre sauvage
Un satyre[1] et ses enfants
Allaient manger leur potage,
Et prendre l'écuelle aux dents[2].

5   On les eût vus sur la mousse,
Lui, sa femme et maint petit :
Ils n'avaient tapis ni housse,
Mais tous fort bon appétit.

Pour se sauver de la pluie,
10   Entre un passant morfondu[3].
Au brouet[4] on le convie :
Il n'était pas attendu.

Son hôte n'eut pas la peine
De le semondre[5] deux fois.
15   D'abord avec son haleine
Il se réchauffe les doigts.

Puis sur le mets qu'on lui donne,
Délicat, il souffle aussi.
Le satyre s'en étonne :
20   « Notre hôte, à quoi bon ceci?

1. *Satyre* : divinité champêtre, symbolisant la force brutale et la grossièreté;
2. Se mettre à manger (expression populaire); 3. *Morfondu* : saisi par le froid;
4. *Brouet* : potage très clair; 5. *Semondre* : inviter.

─────── **QUESTIONS** ───────────────────

Fable VII : **le Satyre et le Passant.**

    Source : *l'Homme et le Satyre.* — Jadis un homme avait fait, dit-on, un
pacte d'amitié avec un satyre. L'hiver étant venu et avec lui le froid, l'homme
portait ses mains à sa bouche et soufflait dessus. Le satyre lui demanda pourquoi il en usait ainsi. Il répondit qu'il se chauffait les mains à cause du froid.
Après, on leur servit à manger. Comme le mets était très chaud, l'homme,
le prenant par petits morceaux, les approchait de sa bouche et soufflait dessus.
Le satyre lui demanda de nouveau pourquoi il agissait ainsi. Il répondit qu'il
refroidissait son manger, parce qu'il était trop chaud. « Eh bien! camarade,
dit le satyre, je renonce à ton amitié, parce que tu souffles de la même bouche
le chaud et le froid. » Concluons que nous aussi nous devons fuir l'amitié de
ceux dont le caractère est ambigu (Ésope, dans Nevelet, p. 189).

— L'un refroidit mon potage;
L'autre réchauffe ma main.
— Vous pouvez, dit le sauvage,
Reprendre votre chemin.

25   Ne plaise aux dieux que je couche
Avec vous sous même toit!
Arrière ceux dont la bouche
Souffle le chaud et le froid! »

VIII. — LE CHEVAL ET LE LOUP

Un certain Loup, dans la saison
Que les tièdes zéphyrs ont l'herbe rajeunie,
Et que les animaux quittent tous la maison
Pour s'en aller chercher leur vie,
5 Un Loup, dis-je, au sortir des rigueurs de l'hiver,
Aperçut un Cheval qu'on avait mis au vert.
Je laisse à penser quelle joie.

──────── **QUESTIONS** ────────

● VERS 1-22. Montrez que l'originalité du récit procède d'un savant mélange de fantaisie et de réalisme, de naturel et de poésie. — Il y a dans le récit un fait essentiel : montrez comment le poète l'utilise pour la morale.

● VERS 23-28. Que signifient les deux derniers vers? Ne constituent-ils pas la morale? Comment doit-on l'interpréter? L'application qui en a parfois été faite aux avocats se justifie-t-elle?

■ SUR L'ENSEMBLE DE LA FABLE VII. — Quel effet produit l'emploi du quatrain et du vers de sept syllabes?

— Cette fable a été jugée sévèrement, par Voltaire entre autres : l'action, en particulier, est-elle mal présentée par rapport à la moralité? Celle-ci n'est-elle qu'un jeu de mots? Quelle raison a pu pousser La Fontaine à choisir ces personnages?

Fable VIII : le Cheval et le Loup.

SOURCE : *L'Âne faisant semblant de boiter et le Loup.* — Un âne, qui paissait dans un pré, voyant un loup s'avancer vers lui, fit semblant de boiter. Le loup, s'étant approché, lui demanda pourquoi il boitait. Il répondit qu'il avait, en franchissant une clôture, mis le pied sur une épine, et il le pria de la lui enlever d'abord, après quoi il pourrait le manger, sans se percer la bouche en mâchant. Le loup se laissa persuader. Tandis qu'il soulevait la patte de l'âne et fixait toute son attention sur le sabot, l'âne, d'un coup de pied dans la gueule, lui fit sauter les dents. Et le loup mal en point dit : « Je l'ai bien mérité; car pourquoi, ayant appris de mon père le métier de boucher, ai-je voulu, moi, tâter de la médecine? » Ainsi les hommes qui entreprennent des choses hors de leur compétence s'attirent naturellement des disgrâces (Ésope, dans Nevelet, p. 298).

« Bonne chasse, dit-il, qui l'aurait[1] à son croc!

Eh! que n'es-tu mouton, car tu me serais hoc[2],

10 Au lieu qu'il faut ruser pour avoir cette proie.

Rusons donc. » Ainsi dit, il vient à pas comptés;

Se dit écolier d'Hippocrate[3];

Qu'[4]il connaît les vertus et les propriétés

De tous les simples[5] de ces prés;

15 Qu'il sait guérir, sans qu'il se flatte,

Toutes sortes de maux. Si dom[6] Coursier voulait

Ne point celer sa maladie,

Lui Loup gratis le guérirait;

Car le voir en cette prairie

20 Paître ainsi, sans être lié,

Témoignait quelque mal, selon la médecine.

« J'ai, dit la bête chevaline,

Une apostume[7] sous le pied.

— Mon fils, dit le docteur, il n'est point de partie

25 Susceptible de tant de maux.

J'ai l'honneur de servir Nosseigneurs les Chevaux,

Et fais aussi la chirurgie. »

Mon galant[8] ne songeait qu'à bien prendre son temps[9]

Afin de happer son malade.

30 L'autre, qui s'en doutait, lui lâche une ruade,

Qui vous[10] lui met en marmelade

Les mandibules[11] et les dents.

---

1. Si on l'avait... (archaïsme); **2.** Tu serais à moi. (On disait *hoc*, au jeu qui portait ce nom, en abattant la carte assurée de faire la levée); **3.** Disciple d'Hippocrate, médecin; **4.** *Que* dépend du verbe *dire* que l'on tire de *se dit* (vers 12); **5.** *Simple :* herbe médicinale; **6.** *Dom :* titre signifiant « Seigneur »; **7.** *Apostume :* abcès; **8.** Personnage rusé (voir *le Renard et les Raisins*, III, XI, vers 5); **9.** Choisir son moment (voir *le Lion et le Moucheron*, II, IX, vers 13); **10.** *Vous* est explétif et familier; **11.** *Mandibules :* mâchoires.

——— QUESTIONS ———

● VERS 1-6. Comment les personnages sont-ils présentés? Montrez l'importance du décor pour la suite du récit. Soulignez le contraste entre le début du vers 1 et la poésie des vers 2-4. — Qu'apporte la reprise du vers 5?

● VERS 7-32. Quel contraste y a-t-il entre le soliloque du loup (vers 8-11) et les propos qu'il adresse au cheval (vers 11-21)? — D'après le discours du loup, étudiez son caractère. Nous le sentons ricaner sous une apparence sérieuse : comment? Étudiez les jeux de mots, les sous-entendus, les apparences respectueuses. — Pourquoi la réponse du cheval est-elle si brève? — L'art d'évoquer le geste par les sonorités et le rythme aux vers 30-32.

« C'est bien fait, dit le Loup en soi-même fort triste ;
Chacun à son métier doit toujours s'attacher.
35   Tu veux faire ici l'arboriste[1],
        Et ne fus jamais que boucher. »

IX. — LE LABOUREUR ET SES ENFANTS

        Travaillez, prenez de la peine :
        C'est le fonds[2] qui manque le moins.

Un riche Laboureur, sentant sa mort prochaine,
Fit venir ses Enfants, leur parla sans témoins.
5 « Gardez-vous, leur dit-il, de vendre l'héritage
        Que nous ont laissé nos parents :
        Un trésor est caché dedans.
Je ne sais pas l'endroit ; mais un peu de courage
Vous le fera trouver : vous en viendrez à bout.
10 Remuez votre champ dès qu'on aura fait l'oût[3] :

---

1. *Arboriste* : herboriste ; 2. *Fonds* : capital. C' représente l'idée commune exprimée par *travaillez* et *peine ;* 3. *Oût :* orthographe encore courante au XVIIᵉ siècle pour *août*, également monosyllabique à l'époque. L'emploi de ce mot ici au sens de « moisson » est la survivance d'un usage fréquent au XVIᵉ siècle, selon Wartburg (voir *la Cigale et la Fourmi*, I, I, vers 13).

QUESTIONS

● VERS 33-36. Le loup prononce lui-même la moralité : pourquoi ? Rapprochez le vers 36 du vers 8. Comparez ces vers avec la moralité de la fable *Le Loup devenu berger* (III, III, p. 70).

■ SUR L'ENSEMBLE DE LA FABLE VIII. — Les éléments de vivacité dans ce récit ; comment se marquent, dans leur attitude et leurs paroles, les intentions et les arrière-pensées des personnages ? Rapprochez la réaction du cheval de celle du coq dans la fable XV du livre II.
— Quelles transformations La Fontaine a-t-il fait subir à la fable qui lui servit de modèle ? Les différences sont-elles purement formelles ou transforment-elles tout le sens de l'apologue ? Qu'y gagne-t-on sur le plan proprement moral ? Montrez que la fable de La Fontaine est plus linéaire, moins ambiguë.

Fable IX : le Laboureur et ses Enfants.

SOURCE : *le Laboureur et ses Enfants.* — Un laboureur, sur le point de terminer sa vie, voulut que ses enfants acquissent de l'expérience en agriculture. Il les fit venir et leur dit : « Mes enfants, je vais quitter ce monde ; mais, vous, cherchez ce que j'ai caché dans ma vigne, et vous trouverez tout. » Les enfants, s'imaginant qu'il y avait enfoui un trésor en quelque coin, bêchèrent profondément tout le sol de la vigne après la mort du père. De trésor, ils n'en trouvèrent point, mais la vigne bien remuée donna son fruit au centuple. Cette fable montre que le travail est pour les hommes un trésor (Ésope, dans Nevelet, p. 106).

Creusez, fouillez, bêchez, ne laissez nulle place
      Où la main ne passe et repasse. »
Le Père mort, les Fils vous[1] retournent le champ,
Deçà, delà, partout; si bien qu'au bout de l'an
15   Il en[2] rapporta davantage.
D'argent, point de caché. Mais le Père fut sage
      De leur montrer, avant sa mort,
      Que le travail est un trésor.

XI. — LA FORTUNE ET LE JEUNE ENFANT

     Sur le bord d'un puits très profond
     Dormait, étendu de son long,

---

1. *Vous* est explétif et familier (voir *le Cheval et le Loup*, V, VIII, vers 31); 2. *En* : de ce fait (idée de cause).

———————————— QUESTIONS ————————————

● Vers 1-12. La maxime (vers 1-2) du début a-t-elle la même portée aujourd'hui qu'au temps de La Fontaine? Le laboureur parle à ses enfants *sans témoins :* est-ce un détail sans importance? — Quelle erreur le laboureur craint-il de voir commettre par ses enfants (vers 5-6)? Pourquoi? — Montrez que dans le discours du laboureur tout est calculé pour créer une équivoque sans qu'il y ait cependant de mensonge et pour tenir en éveil l'attention de ses fils tout en leur donnant de bons conseils, dont ils ne comprennent pas encore la portée. — Étudiez vocabulaire, rythme et sonorités des vers 10-12 : que suggèrent-ils? Quelle recommandation prudente est exprimée au vers 10?

● Vers 13-18. L'art de dire beaucoup de choses en peu de mots : étudiez les vers 13-14. — Rapprochez le premier hémistiche du vers 14 du vers 8 de la fable VI du livre V : l'effet produit par la même expression dans les deux fables. — Comment La Fontaine escamote-t-il la supercherie du vieillard (vers 16)? Montrez que cela traduit le peu d'importance du fait par rapport à l'intention.

■ Sur l'ensemble de la fable IX. — La vérité humaine dans cette fable : peut-on deviner, d'après ce court récit, ce qu'a été la vie de ce laboureur, ce qu'est son caractère? Peut-on imaginer aussi ce que sont ses enfants? — Quelle valeur donnez-vous aux octosyllabes de cette fable? A quoi se marque l'aisance de ce récit? — Cette fable est l'une des plus célèbres : pourquoi, à votre avis?

Fable XI : la **Fortune** et le **Jeune Enfant**.

● Vers 1-15. Comparez les neuf premiers vers aux vers suivants de Régnier *(Satire XIV)* :

                 ... Le malheur,
    Trouvant au bord d'un puits un enfant endormi,
    En risque d'y tomber, à son aide s'avance,
    Et lui parlant ainsi, le recueille et le tance...

Montrez que La Fontaine suggère davantage, avec grâce, fraîcheur et naturel.

Un enfant alors dans ses classes.
Tout est aux écoliers couchette et matelas.
5   Un honnête homme, en pareil cas,
         Aurait fait un saut de vingt brasses[1].
         Près de là tout heureusement
La Fortune[2] passa, l'éveilla doucement,
Lui disant : « Mon mignon, je vous sauve la vie ;
10 Soyez une autre fois plus sage, je vous prie.
Si vous fussiez tombé, l'on s'en fût pris à moi,
         Cependant c'était votre faute.
         Je vous demande, en bonne foi,
         Si cette imprudence si haute[3]
15 Provient de mon caprice. » Elle part à ces mots.
         Pour moi, j'approuve son propos.
         Il n'arrive rien dans le monde
         Qu'[4]il ne faille qu'elle en réponde :
         Nous la faisons de tous écots[5],
20 Elle est prise à garant[6] de toutes aventures.
Est-on sot, étourdi, prend-on mal ses mesures ;
On pense en être quitte en accusant son sort :
         Bref la Fortune a toujours tort.

XIII. — LA POULE AUX ŒUFS D'OR

L'avarice[7] perd tout en voulant tout gagner.
         Je ne veux, pour le témoigner,

---

1. *Brasse :* mesure de longueur de 1,62 m ; 2. *La Fortune :* divinité personnifiant le hasard ; 3. *Haute :* excessive ; 4. *Que :* sans que ; 5. *Ecot :* quote-part de chaque convive dans un repas commun ; ici nous obligeons la Fortune à payer sa part de tout ce qui arrive ; 6. Elle doit répondre (voir vers 18) ; 7. *Avarice :* cupidité.

● **QUESTIONS** ─────────────────────────

● Vers 16-20. Quel défaut humain est visé par cette morale ? Montrez l'insistance du poète.

■ Sur l'ensemble de la fable XI. — A quel mobile obéit la Fortune quand elle sauve l'enfant ?
    — Pourquoi La Fontaine a-t-il choisi un enfant pour héros de cette aventure ?
    — Quelles sont les qualités formelles de cette fable ?

Fable XIII : la **Poule** aux **œufs** d'or.

● Vers 1-8. Montrez que cette fable est un bon exemple de brièveté et de sécheresse ésopiques.

Que celui[1] dont la Poule, à ce que dit la fable,
   Pondait tous les jours un œuf d'or.
5 Il crut que dans son corps elle avait un trésor :
Il la tua, l'ouvrit, et la trouva semblable
A celles dont les œufs ne lui rapportaient rien,
S'étant lui-même ôté le plus beau de son bien.

   Belle leçon pour les gens chiches[2] !
10 Pendant ces derniers temps[3], combien en a-t-on vus
Qui du soir au matin sont pauvres devenus,
   Pour vouloir trop tôt être riches !

XIV. — L'ÂNE PORTANT DES RELIQUES

  Un Baudet chargé de reliques
  S'imagina qu'on l'adorait :
  Dans ce penser il se carrait[4],
Recevant comme siens l'encens et les cantiques.
5 Quelqu'un vit l'erreur, et lui dit :
 « Maître Baudet, ôtez-vous de l'esprit
   Une vanité si folle.
  Ce n'est pas vous, c'est l'idole[5]
  A qui cet honneur se rend,
10 Et que la gloire en est due. »

---

1. *Que* (l'exemple de) *celui dont...* ; 2. *Chiches* : avares, c'est-à-dire cupides ; 3. Allusion probable à un passé récent : la Chambre de justice avait frappé d'amendes des financiers et des « partisans » malhonnêtes (voir *La Belette entrée dans un grenier*, III, XVII) ; 4. *Se carrer* : aller d'un pas fier et orgueilleux ; 5. *Idole* : image (sens étymologique).

● QUESTIONS

● VERS 9-12. Montrez comment La Fontaine donne de la vie à la morale et oriente ici la fable vers la satire.

■ SUR L'ENSEMBLE DE LA FABLE XIII. — Comment La Fontaine utilise-t-il des faits contemporains (voir note 3) pour illustrer une fable de portée générale ? Quel résultat le fabuliste pouvait-il en espérer ?

Fable XIV : **L'Âne portant des reliques.**

● VERS 1-4. Comment La Fontaine fait-il sentir la bêtise et la vanité de l'âne ? Quel effet produit la solennité feinte de l'alexandrin après les octosyllabes ?

● VERS 5-10. Étudiez le mètre du vers 7 : quelle valeur a-t-il ? Quel sens prend l'appellation de *maître* ici ? — Montrez l'importance du mot *idole* (vers 8), comparé à *reliques* (vers 1) : comment permet-il d'élargir le sens de la fable ?

D'un magistrat ignorant
C'est la robe qu'on salue[1].

XX. — L'OURS ET LES DEUX COMPAGNONS

Deux Compagnons, pressés d'argent,
A leur voisin fourreur vendirent
La peau d'un Ours encor vivant,
Mais qu'ils tueraient bientôt; du moins à ce qu'ils dirent.
5 C'était le roi des Ours au compte de ces gens.
Le marchand à[2] sa peau devait faire fortune,
Elle garantirait des froids les plus cuisants :
On en pourrait fourrer plutôt deux robes qu'une.
Dindenaut[3] prisait moins ses moutons qu'eux leur ours :
10 Leur, à leur compte, et non à celui de la bête.
S'offrant de la livrer au plus tard dans deux jours,
Ils conviennent de prix, et se mettent en quête,

---

1. Comparer à Montaigne, *Essais*, III, VIII, et à Pascal, *Pensées*, 82 (Éd. Brunschwicg); 2. *A* : grâce à; 3. Souvenir de Rabelais (*Quart Livre*, 5 à 8, « les Moutons de Panurge »).

─────── **QUESTIONS** ───────

● Vers 11-12. Comment s'établit le lien entre le récit et la moralité? — Montrez la dureté cinglante de ces deux derniers vers.

■ Sur l'ensemble de la fable xiv. — Cette fable n'a-t-elle pas une grande portée humaine et sociale dans sa brièveté? Cherchez dans d'autres moralistes, et notamment dans Pascal, des observations qui développent le même thème.
— L'attitude de celui qui détrompe l'âne est-elle critiquable? Est-elle sans inconvénients pratiques, cependant?

Fable XX : l'Ours et les Deux Compagnons.
Source : *les Voyageurs et l'Ours.* — Deux amis faisaient route ensemble. Une ourse s'étant trouvée sur leur chemin, l'un, épouvanté, grimpa sur un arbre et s'y cacha. L'autre, ne pouvant à lui seul venir à bout de la bête et comprenant qu'elle aurait le dessus, se laissa tomber à terre et il faisait le mort. L'ourse approchait de sa tête, flairait ses oreilles et son diaphragme. Mais l'homme retenait énergiquement son haleine. L'ourse, supposant qu'il était mort, s'en alla, car les ours, dit-on, ne touchent pas aux cadavres. Quand elle fut partie, l'autre voyageur descendit de son arbre et demanda à son ami ce que l'ourse lui disait à l'oreille. Il répondit : « L'ourse m'a dit de ne pas voyager désormais avec des amis qui ne savent pas tenir bon dans les dangers. » Cette fable signifie que les amis véritables se révèlent dans le malheur (Ésope, dans Nevelet, p. 391).

● Vers 1-13. Quel rôle joue le style indirect (vers 4-8)? Ne permet-il pas d'imaginer une véritable scène de comédie? — Comment La Fontaine souligne-t-il l'absurdité du marché? — L'argumentation des compagnons n'est-elle pas en même temps pleine de logique? Dans quelle mesure se prennent-ils à leur propre jeu?

Trouvent l'Ours qui s'avance et vient vers eux au trot.
Voilà mes gens frappés comme d'un coup de foudre.
15 Le marché ne tint pas, il fallut le résoudre[1].
D'intérêts[2] contre l'Ours, on n'en dit pas un mot.
L'un des deux Compagnons grimpe au faîte d'un arbre ;
        L'autre, plus froid que n'est un marbre,
Se couche sur le nez, fait le mort, tient son vent[3],
20   Ayant quelque part ouï dire
        Que l'ours s'acharne peu souvent
Sur un corps qui ne vit, ne meut[4], ni ne respire.
Seigneur Ours, comme un sot, donna dans ce panneau :
Il voit ce corps gisant, le croit privé de vie ;
25   Et de peur de supercherie,
Le tourne, le retourne, approche son museau,
        Flaire aux passages de l'haleine.
« C'est, dit-il, un cadavre ; ôtons-nous, car il sent. »
A ces mots, l'Ours s'en va dans la forêt prochaine[5].
30 L'un de nos deux marchands de son arbre descend,
Court à son Compagnon, lui dit que c'est merveille
Qu'il n'ait eu seulement que la peur pour tout mal.
« Eh bien, ajouta-t-il, la peau de l'animal ?
        Mais que t'a-t-il dit à l'oreille ?
35   Car il s'approchait de bien près,
        Te retournant avec sa serre[6].
        — Il m'a dit qu'il ne faut jamais
Vendre la peau de l'ours qu'on ne l'ait mis par terre. »

---

1. *Résoudre* : rompre, annuler (terme de droit) ; 2. Dommages et intérêts ;
3. Retient sa respiration ; 4. Sens pronominal ; 5. *Prochaine* : voisine ; 6. Le mot
ne s'emploie normalement que pour les oiseaux de proie.

——— **QUESTIONS** ———

● Vers 14-28. Quels sont les éléments du comique aux vers 15-16 ? — La
sottise de l'ours n'est-elle pas mise en relief par les précautions qu'il
prend ? Que pensez-vous de son raisonnement (vers 28) ? Comment
celui-ci est-il traduit par le rythme du vers ?

● Vers 29-38. Montrez avec quel naturel le poète amène la morale
en l'intégrant à l'action. Sur quel ton est prononcé le vers 33 ? — Que
traduit l'emploi du mot *serre* (vers 36) ? Montrez sa valeur expressive.

■ Sur l'ensemble de la fable XX. — Par quels procédés s'expriment
l'humour et la présence du conteur ?
    — Relevez les traits qui pourraient peindre le caractère de l'ours.
Essayez de dégager ce caractère. Comment le physique de l'animal
peut-il être à l'origine de la psychologie que lui prête La Fontaine ?

LIVRE SIXIÈME

I. — LE PÂTRE ET LE LION

Les fables ne sont pas ce qu'elles semblent être[1] ;
Le plus simple animal nous y tient lieu de maître ;
Une morale nue apporte de l'ennui :
Le conte fait passer le précepte avec lui.
5 En ces sortes de feinte[2] il faut instruire et plaire ;
Et conter pour conter me semble peu d'affaire[3].
C'est par cette raison qu'égayant leur esprit,
Nombre de gens fameux en ce genre ont écrit.
Tous ont fui l'ornement et le trop d'étendue ;
10 On ne voit point chez eux de parole perdue.
Phèdre était si succinct qu'aucuns[4] l'en ont blâmé ;
Ésope en moins de mots s'est encore exprimé.
Mais sur tous certain Grec[5] renchérit et se pique
D'une élégance laconique ;
15 Il renferme toujours son conte en quatre vers ;
Bien ou mal, je le laisse à juger aux experts.
Voyons-le[6] avec Ésope en un sujet semblable :
L'un amène un chasseur, l'autre un pâtre, en sa fable.
J'ai suivi leur projet[7] quant à l'événement,
20 Y cousant en chemin quelque trait seulement.
Voici comme, à peu près, Ésope le raconte :

---

1. Vers traduit de Phèdre, IV, ɪ ; **2.** *Feinte :* fiction poétique ; **3.** De peu d'intérêt ; **4.** *Aucuns :* certains (sens positif) ; **5.** Gabrios (Babrius), selon une note de La Fontaine ; **6.** Élision normale de l'*e* ; **7.** *Projet :* idée.

QUESTIONS

Fable I : **le Pâtre et le Lion.**

SOURCE : *le Bouvier et le Lion.* — Un bouvier, qui paissait un troupeau de bœufs, perdit un veau. Il fit le tour du voisinage, sans le retrouver. Alors il promit à Zeus, s'il découvrait le voleur, de lui sacrifier un chevreau. Or, étant entré dans un bois, il vit un lion qui dévorait le veau ; épouvanté, il leva les mains au ciel en s'écriant : « O souverain Zeus, naguère j'ai fait le vœu de t'immoler un chevreau, si je trouvais le voleur ; à présent je t'immolerai un taureau, si j'échappe aux griffes du voleur » (Ésope, dans Nevelet, p. 195).

● VERS 1-21. Montrez que La Fontaine, dans sa théorie de la fable, veut se tenir également éloigné des deux attitudes extrêmes. Reste-t-il en accord avec ce qu'il disait de l'importance de la morale dans la Préface ?

Un Pâtre, à ses brebis trouvant quelque mécompte[1],
Voulut à toute force attraper le larron.
Il s'en va près d'un antre et tend à l'environ
25 Des lacs[2] à prendre loups, soupçonnant cette engeance.
          « Avant que partir de ces lieux,
    Si tu fais, disait-il, ô monarque des Dieux,
    Que le drôle à ces lacs se prenne en ma présence,
              Et que je goûte à ce plaisir,
30   Parmi vingt veaux je veux choisir
          Le plus gras et t'en faire offrande! »
    A ces mots sort de l'antre un Lion grand et fort;
    Le Pâtre se tapit et dit, à demi mort :
    « Que l'homme ne sait guère, hélas! ce qu'il demande!
35 Pour trouver le larron qui détruit mon troupeau,
    Et le voir en ces lacs pris avant que je parte,
    O monarque des Dieux, je t'ai promis un veau :
    Je te promets un bœuf si tu fais qu'il s'écarte. »

    C'est ainsi que l'a dit le principal auteur :
40   Passons à son imitateur.

II. — LE LION ET LE CHASSEUR

    Un fanfaron, amateur de la chasse,
    Venant de perdre un chien de bonne race
    Qu'il soupçonnait dans le corps d'un Lion,
    Vit un Berger : « Enseigne-moi de grâce,
5   De mon voleur, lui dit-il, la maison,
    Que de ce pas je me fasse raison[3]. »
    Le Berger dit : « C'est vers cette montagne.

---

1. Ne retrouvant pas le compte; **2.** *Lacs* : nœud coulant qui sert à prendre du gibier. On prononce *lâ* ; **3.** Je me venge.

──────── **QUESTIONS** ────────

● Vers 22-40. Le récit de La Fontaine est-il *à peu près* ou à beaucoup près celui d'Ésope? Qu'a ajouté le poète? Quelle valeur a donc la comparaison qu'il nous propose?

■ Sur l'ensemble de la fable première. — Cette fable est-elle la première où La Fontaine fait la théorie du genre? Comparez le préambule à la Préface (page 24) et à la première fable des livres II et III (pages 53 et 67). Qu'y a-t-il de nouveau ici? Quelles idées sont précisément modifiées?

— Montrez les qualités et l'intérêt du récit qui fait suite à ces développements.

En lui payant de[1] tribut un mouton
Par chaque mois, j'erre dans la campagne
10 Comme il me plaît; et je suis en repos. »
Dans le moment qu'ils tenaient ces propos,
Le Lion sort et vient d'un pas agile.
Le fanfaron aussitôt d'esquiver[2] :
« O Jupiter, montre-moi quelque asile,
15 S'écria-t-il, qui me puisse sauver! »

    La vraie épreuve de courage
N'est que dans le danger que l'on touche du doigt.
Tel le cherchait, dit-il, qui, changeant de langage,
    S'enfuit aussitôt qu'il le voit.

III. — PHÉBUS ET BORÉE

Borée[3] et le Soleil virent un Voyageur
    Qui s'était muni par bonheur

---

1. En fait de, comme; **2.** *Esquiver :* verbe employé à la forme non pronominale
(voir *le Chameau et les bâtons flottants*, IV, x, vers 55); **3.** *Borée :* le vent du nord
personnifié.

─────── ■ QUESTIONS ───────────────────

Fable II : **le Lion et le Chasseur.**

■ SUR L'ENSEMBLE DE LA FABLE II. — Cette fable n'est pas exactement
semblable à la précédente : en quoi les deux textes diffèrent-ils (composition du sujet, caractères, morale)?
— Montrez que le dialogue souligne la différence de caractère entre
les deux personnages : rythme, vocabulaire, attitude envers le lion.
— Comparez le dialogue de La Fontaine à celui de la fable de Babrius :
« Un chasseur poltron dit un jour à un berger : « Si tu sais quelque
« part les traces d'un lion, indique-les moi.
« — A toi, dit-il, que je montre les traces mêmes et de près? »
« Le chasseur reprit : « Je n'en demande pas davantage. »
— En définitive, en quoi cette fable est-elle moins « ésopique » que
la précédente?

Fable III : **Phébus et Borée.**

SOURCE : *Borée et le Soleil.* — Borée et le Soleil contestaient de leur force.
Ils décidèrent d'attribuer la palme à celui d'entre eux qui dépouillerait un
voyageur de ses vêtements. Borée commença; il souffla avec violence. Comme
l'homme serrait sur lui son vêtement, il l'assaillit avec plus de force. Mais
l'homme, incommodé encore davantage par le froid, prit un vêtement de plus,
si bien que, rebuté, Borée le livra au Soleil. Celui-ci tout d'abord luisit modérément; puis, l'homme ayant ôté son vêtement supplémentaire, le Soleil darda
des rayons plus ardents, jusqu'au moment où l'homme, ne pouvant plus résister
à la chaleur, ôta ses habits et s'en alla prendre un bain dans la rivière voisine.
Cette fable montre que souvent la persuasion est plus efficace que la violence
(Ésope, dans Nevelet, p. 456).

Contre le mauvais temps. On entrait dans l'automne,
Quand la précaution aux voyageurs est bonne :
5 Il pleut; le Soleil luit; et l'écharpe d'Iris[1]
      Rend ceux qui sortent avertis
Qu'en ces mois le manteau leur est fort nécessaire :
Les Latins[2] les nommaient douteux, pour cette affaire.
Notre homme s'était donc à la pluie attendu :
10 Bon manteau bien doublé, bonne étoffe bien forte.
« Celui-ci, dit le Vent, prétend avoir pourvu
A tous les accidents; mais il n'a pas prévu
      Que je saurai souffler de sorte
Qu'il n'est bouton qui tienne : il faudra, si je veux,
15   Que le manteau s'en aille au diable.
L'ébattement[3] pourrait nous en être agréable :
Vous plaît-il de l'avoir? — Eh bien! gageons nous deux,
      Dit Phébus, sans tant de paroles,
A qui plus[4] tôt aura dégarni les épaules
20   Du Cavalier que nous voyons.
Commencez : je vous laisse obscurcir mes rayons. »
Il n'en fallut pas plus. Notre souffleur à gage[5]
Se gorge de vapeurs, s'enfle comme un ballon,
      Fait un vacarme de démon.
25 Siffle, souffle, tempête et brise en son passage
Maint toit qui n'en peut mais[6], fait périr maint bateau :
      Le tout au sujet d'un manteau.
Le Cavalier eut soin d'empêcher que l'orage
      Ne se pût engouffrer dedans;

---

1. L'arc-en-ciel, qu'Iris, messagère des dieux, a pour écharpe; **2.** Virgile, *les Géorgiques,* I, 115; **3.** *Ebattement :* divertissement; **4.** Superlatif; **5.** *A gage.* Deux interprétations sont possibles : « payé pour souffler » ou « qui tient une gageure » (voir vers 17); **6.** Qui n'y est pour rien, qui n'y peut rien.

━━━━━ QUESTIONS ━━━━━

● Vers 1-21. La « gaieté » : montrez comment La Fontaine allie réalité (vers 3-10), fantaisie (vers 11-20) et poésie (vers 20 par exemple). Étudiez le rythme du vers 5. — L'emploi de la mythologie paraît-il artificiel? Quel élément introduit-il? L'attitude de Phébus : ambiguïté, confiance en soi. Comment La Fontaine présente-t-il la gageure de manière à laisser prévoir le dénouement?

● Vers 22-32. La tempête : montrez la progression dans la violence (rythme, mètres, sonorités). — Le vers 27 n'élargit-il pas, malgré sa concision, la signification philosophique de la fable? Comment, dans les vers 28-30, La Fontaine souligne-t-il la supériorité de l'intelligence sur la « force »? Que marque l'équilibre du vers 31?

LE MULET SE VANTANT DE SA GÉNÉALOGIE
Illustration de Benjamin Rabier (1869-1939).

30   Cela le préserva. Le Vent perdit son temps ;
       Plus il se tourmentait[1], plus l'autre tenait ferme :
       Il eut beau faire agir le collet et les plis.
                   Sitôt qu'il fut au bout du terme
                   Qu'à la gageure on avait mis,
35   Le Soleil dissipe la nue,
       Récrée[2] et puis pénètre enfin le Cavalier,
                   Sous son balandras[3] fait qu'il sue,
                   Le contraint de s'en dépouiller :
       Encor n'usa-t-il pas de toute sa puissance.

40   Plus fait douceur que violence.

V. — LE COCHET[4], LE CHAT ET LE SOURICEAU

   Un Souriceau tout jeune, et qui n'avait rien vu,
               Fut presque pris au dépourvu.
   Voici comme il conta l'aventure à sa mère :
   « J'avais franchi les monts qui bornent cet État,

---

   1. *Se tourmenter* : se donner de la peine ; 2. *Recréer* : ranimer ; 3. *Balandras* :
gros manteau pour le mauvais temps ; 4. *Cochet* : petit coq.

──────── QUESTIONS ────────

● VERS 33-40. Soulignez tout ce qui marque le contraste entre les violents
efforts de Borée et l'aisance de Phébus. — A quoi tient la beauté des
vers 35-36 ? L'importance et le ton du vers 39.

■ SUR L'ENSEMBLE DE LA FABLE III. — Est-ce la morale de cette fable qui
vous intéresse ? Montrez qu'en tout cas sa signification, sur le plan
psychologique et social, dépasse la courte maxime qui lui sert de
conclusion.
       — Le pittoresque dans ce texte ; comment les procédés d'expression
s'harmonisent-ils avec les différentes nuances de pensée ?

Fable V : le Cochet, le Chat et le Souriceau.

● VERS 1-17. L'ironie du vers 2 : comment est-elle soulignée par le
premier vers ? Rapprochez *qui n'avait rien vu* et *presque pris au dépourvu* :
quelle est la valeur de *presque* dans ce contexte ? Le récit va-t-il démentir
cette indication ? — Montrez comment s'exprime l'inexpérience du
souriceau, notamment dans sa manière de dépeindre le cochet. —
Est-ce le seul trait qu'il doive à sa jeunesse (voir vers 4-6) ? Son assurance et sa confiance en lui-même n'apparaissent-elles pas aussi dans
la manière même dont il décrit le cochet et le chat (vers 8-9) ? — Quel
contraste se trouve accentué par l'intervention du fabuliste ?

5   Et trottais comme un jeune rat¹
       Qui cherche à se donner carrière²
Lorsque deux animaux m'ont arrêté les yeux :
       L'un doux, bénin et gracieux,
Et l'autre turbulent et plein d'inquiétude³ ;
10   Il a la voix perçante et rude,
       Sur la tête un morceau de chair,
Une sorte de bras dont il s'élève en l'air
       Comme pour prendre sa volée,
       La queue en panache étalée. »
15 Or, c'était un Cochet, dont notre Souriceau
       Fit à sa mère le tableau,
Comme d'un animal venu de l'Amérique.
« Il se battait, dit-il, les flancs avec ses bras,
       Faisant tel bruit et tel fracas
20 Que moi, qui grâce aux dieux de courage me pique,
       En ai pris la fuite de peur,
       Le maudissant de très bon cœur.
       Sans lui j'aurais fait connaissance
Avec cet animal qui m'a semblé si doux :
25   Il est velouté comme nous,
Marqueté⁴, longue queue, une humble contenance,
Un modeste regard, et pourtant l'œil luisant.
       Je le crois fort sympathisant
Avec Messieurs les Rats ; car il a des oreilles
30   En figure⁵ aux nôtres pareilles.
Je l'allais aborder, quand d'un son plein d'éclat
       L'autre m'a fait prendre la fuite.
— Mon fils, dit la Souris, ce doucet⁶ est un Chat,

---

1. Confusion déjà rencontrée entre *souris* et *rats* (III, XVIII, vers 25) ; 2. *Se donner carrière* : élargir ses horizons ; 3. *Inquiétude* : agitation ; 4. *Marqueté* : marqué de taches ou de raies ; 5. *Figure* : forme ; 6. *Doucet* : diminutif de *doux*, avec une nuance d'hypocrisie.

──────── **QUESTIONS** ────────

● VERS 18-42. Étudiez mètre, rythme, sonorités des vers 18-19 : que veut suggérer La Fontaine ? — Quel trait de caractère reparaît au vers 20 ? Comparez cette incidente avec l'attitude traditionnelle des petits marquis de Molière. — Quelle importance présente du point de vue psychologique *comme nous* (vers 25) ? — Étudiez le portrait du chat : notez sa justesse et son pittoresque. N'est-ce qu'un portrait physique ? — Montrez comment le vers 33 ramène des apparences à la réalité : étudiez le contraste entre le style de la mère et celui du souriceau. Pourquoi la souris ne désigne-t-elle pas le coq par son nom, alors qu'elle a, dès les premiers mots, prononcé celui du chat ?

Qui, sous son minois hypocrite,
35 Contre toute ta parenté
D'un malin vouloir[1] est porté.
L'autre animal, tout au contraire,
Bien éloigné de nous mal faire
Servira quelque jour peut-être à nos repas.
40 Quant au Chat, c'est sur nous qu'il fonde sa cuisine.
Garde-toi, tant que tu vivras,
De juger les gens sur la mine. »

VII. — LE MULET SE VANTANT DE SA GÉNÉALOGIE

Le mulet d'un prélat se piquait de noblesse
Et ne parlait incessamment[2]
Que de sa mère la jument,
Dont il contait mainte prouesse.
5 Elle avait fait ceci, puis avait été là.
Son fils prétendait pour cela
Qu'on le dût mettre dans l'histoire.
Il eût cru s'abaisser servant un médecin.
Étant devenu[3] vieux, on le mit au moulin :
10 Son père l'âne alors lui revint en mémoire.

---

1. *Malin vouloir* : malveillance (*malin* répond ici à *bénin* au vers 8); 2. *Incessamment* : sans cesse; 3. Libre construction du participe qui ne se rapporte pas au sujet de la proposition ici.

■ QUESTIONS ■

■ Sur l'ensemble de la fable v. — Montrez que la description du cochet et du chat est menée de manière que nous reconnaissions immédiatement ces animaux à travers les expressions maladroites du souriceau. Comment le caractère du cochet et du chat transparaît-il à travers la peinture de leurs apparences physiques? Prouvez que cette description révèle aussi le caractère du souriceau.
— Pittoresque et humour discret dans cette fable.

Fable VII : **Le Mulet se vantant de sa généalogie.**

Source : *le Mulet.* — Un mulet engraissé d'orge se mit à gambader, se disant à lui-même : « J'ai pour père un cheval rapide à la course, et moi je lui ressemble de tout point. » Mais un jour l'occasion vint où le mulet se vit forcé de courir. La course terminée, il se renfrogna et se souvint soudain de son père l'âne. Cette fable montre que, même si les circonstances mettent un homme en vue, il ne doit pas oublier son origine; car cette vie n'est qu'incertitude (Ésope, dans Nevelet, p. 202).

Quand le malheur ne serait bon
Qu'à mettre un sot à la raison,
Toujours serait-ce à juste cause
Qu'on le dît bon à quelque chose.

VIII. — LE VIEILLARD ET L'ÂNE

Un vieillard sur son âne aperçut en passant
    Un pré plein d'herbe et fleurissant :
Il y lâche sa bête, et le grison[1] se rue
    Au travers de l'herbe menue,
5   Se[2] vautrant, grattant et frottant,
    Gambadant, chantant et broutant,
    Et faisant mainte place nette.
    L'ennemi vient sur l'entrefaite.
    « Fuyons, dit alors le vieillard.
10   — Pourquoi? répondit le paillard[3];
Me fera-t-on porter double bât, double charge?
— Non pas, dit le vieillard, qui prit d'abord[4] le large.

---

1. *Le grison :* l'âne (appellation populaire); **2.** *Se* est complément des trois participes du vers 5; **3.** *Paillard :* qui se vautre sur la paille (sens initial); **4.** *D'abord :* aussitôt, dès le premier moment.

■ **QUESTIONS** ────────────

■ SUR L'ENSEMBLE DE LA FABLE VII. — Par quels procédés sont mises en relief la vantardise et la vanité du mulet? Étudiez notamment l'utilisation de l'alexandrin et de l'octosyllabe dans les huit premiers vers.
    — Comment s'exprime la déchéance du mulet? Expliquez le vers 10.
    — Le malheur peut avoir du bon, nous dit le poète (vers 11-14) : expliquez ce paradoxe. Comparez l'intention de La Fontaine ici avec celle de Molière dans *le Bourgeois gentilhomme.*
    — La sobriété presque sévère de La Fontaine dans cette fable : comparez à la sécheresse coutumière à Ésope. Le mérite du fabuliste français tient-il seulement à l'ornementation du récit? En comparant cette fable et son modèle, cherchez et appréciez les modifications.

Fable VIII : le **Vieillard** et l'**Âne.**

● VERS 1-7. Les vers 2 et 4, nécessaires à l'action, n'évoquent-ils pas aussi la nature? Montrez la précision, le pittoresque et l'humour des termes utilisés aux vers 5-7. Que veulent-ils traduire?
● VERS 8-16. Qui peut être cet *ennemi* du vers 8? Quelle réalité pénètre dans la fable avec ce seul mot? — Que signifie la réponse de l'âne? La conclusion qu'il en tire est-elle parfaitement logique (vers 12)? Peut-il espérer vivre sans maître? Montrez que son indifférence s'explique par sa misère. A quelle autre fable du premier recueil peuvent faire penser les deux derniers vers?

— Et que m'importe donc, dit l'âne, à qui je sois?
      Sauvez-vous, et me laissez paître.
15   Notre ennemi, c'est notre maître :
      Je vous le dis en bon françois[1]. »

X. — LE LIÈVRE ET LA TORTUE

Rien ne sert de courir; il faut partir à point :
Le Lièvre et la Tortue en sont un témoignage.

« Gageons, dit celle-ci, que vous n'atteindrez point
Sitôt que moi ce but. — Sitôt? êtes-vous sage?
5   Repartit l'animal léger :
      Ma commère[2], il vous faut purger
      Avec quatre grains d'ellébore[3].
      — Sage ou non, je parie encore. »
      Ainsi fut fait; et de tous deux
10   On mit près du but les enjeux.

---

1. Nettement (expression proverbiale); l'ancienne orthographe en *-ois* (prononcée *oué*) est nécessitée par la rime avec *sois* (prononcé de même au vers 13); 2. *Commère* : appellation familière (voir *le Renard et la Cigogne*, I, XVIII, vers 2); 3. *Grain* : le plus petit des poids dont on se servait pour peser les choses précieuses; l'*ellébore* est une plante utilisée autrefois dans le traitement de la folie.

■ ─── QUESTIONS ───

■ SUR L'ENSEMBLE DE LA FABLE VIII. — Par quels procédés est obtenu le tour particulièrement alerte de cette fable?

   — Peut-on voir dans la moralité une conviction profonde de l'auteur, appliquée à la politique de son temps? Y a-t-il une morale proprement dite ou plutôt une constatation? A quoi se réduirait donc l'intention de La Fontaine? Quelle résonance prend aujourd'hui le dernier vers, si on l'isole du contexte?

Fable X : **le Lièvre et la Tortue.**

   SOURCE : *la Tortue et le Lièvre.* — Un lièvre se moquait des jambes d'une tortue. Celle-ci se mit à rire et lui dit : « Moi, je te surpasserai de vitesse à la course. » Le lièvre affirma que c'était impossible. « Cependant, dit-il, rivalise avec moi et tu sauras ce que valent mes pieds. — Mais qui nous fixera le but, siffla la tortue, et nous attribuera le prix de la victoire? » Alors le plus sensé des animaux, le renard, marqua le point de départ et le point d'arrivée, en même temps qu'il indiqua la longueur de la course. La tortue, sans tarder, se mit en route aussitôt et arriva au terme. Le lièvre, confiant dans sa vitesse, s'endormit. Puis s'étant relevé, il arriva d'un trait à la borne, mais il y trouva la tortue endormie. Cette fable montre que beaucoup d'hommes, heureusement pourvus par la nature, se perdent par la mollesse et la négligence; que beaucoup, par leur application et leur effort, triomphent de leurs défauts naturels (Ésope; absent de Nevelet).

Savoir quoi, ce n'est pas l'affaire,
            Ni de quel juge l'on convint.
    Notre Lièvre n'avait que quatre pas à faire;
    J'entends de ceux qu'il fait lorsque, près d'être atteint,
15 Il s'éloigne des chiens, les renvoie aux calendes[1]
            Et leur fait arpenter les landes.
    Ayant, dis-je, du temps de reste pour brouter,
            Pour dormir et pour écouter
        D'où vient le vent, il laisse la tortue
20   Aller son train de sénateur.
        Elle part, elle s'évertue,
        Elle se hâte avec lenteur[2].
    Lui cependant méprise une telle victoire,
        Tient la gageure à peu de gloire,
25   Croit qu'il y va de son honneur
    De partir tard. Il broute, il se repose :
        Il s'amuse[3] à tout autre chose
    Qu'à la gageure. A la fin, quand il vit
    Que l'autre touchait presque au bout de la carrière,
30 Il partit comme un trait; mais les élans qu'il fit
    Furent vains : la Tortue arriva la première.

—————

1. Simplification d'une expression proverbiale qui signifie « remettre à une date qui ne se présentera jamais »; 2. *Festina lente* (« hâte-toi lentement »), dit le proverbe latin rappelé par Horace comme conseil littéraire. Boileau, dans *l'Art poétique* (chant I, vers 171), reprendra les mêmes termes; 3. *S'amuser :* s'occuper.

——————— **QUESTIONS** ———————

● Vers 1-12. Étudiez la vivacité du dialogue. A quoi tient-elle ? La répétition de *sitôt* (vers 4), de *sage* (vers 4 et 8) est-elle utile ? Que suggère-t-elle ? — Commentez la périphrase du vers 5 : son double sens. — Expliquez les vers 11-12; le poète est-il toujours aussi imprécis ? Justifiez son attitude ici. Comparez avec Ésope, plus précis sur ce point : y perdons-nous quelque chose d'essentiel ?

● Vers 13-22. Montrez que les vers 14-16 élargissent le champ de la fable. Étudiez leur mètre et leur rythme. Quelle utilité ont-ils ici pour la vraisemblance psychologique ? Comment les deux vers suivants le soulignent-ils ? — Marquez la désinvolture expressive du rejet au vers 19. — Étudiez les vers 20-22 et leur rythme. Comment l'octosyllabe peut-il donner une telle impression de pesanteur ?

● Vers 23-35. Comment La Fontaine fait-il perdre le pari au lièvre ? Quel trait de caractère est la cause de son échec ? Analysez l'utilisation des différences de rythme et recherchez d'autres procédés pour peindre l'action. — La tortue est-elle modeste dans sa victoire ? Quel effet peut produire une telle réflexion sur le lièvre ?

« Hé bien! lui cria-t-elle, avais-je pas⁵ raison?
          De quoi vous sert votre vitesse?
          Moi l'emporter! et que serait-ce
35   Si vous portiez une maison? »

XIII. — LE VILLAGEOIS ET LE SERPENT

          Ésope conte qu'un Manant¹,
          Charitable autant que peu sage,
          Un jour d'hiver se promenant
          A l'entour de son héritage²,
5 Aperçut un Serpent sur la neige étendu,
   Transi, gelé, perclus, immobile rendu³,
          N'ayant pas à vivre un quart d'heure.
   Le villageois le prend, l'emporte en sa demeure,
   Et, sans considérer quel sera le loyer⁴
10   D'une action de ce mérite,
          Il l'étend le long du foyer,
          Le réchauffe, le ressuscite.
   L'animal engourdi sent à peine le chaud,
   Que l'âme⁵ lui revient avecque la colère.
15 Il lève un peu la tête, et puis siffle aussitôt;
   Puis fait un long repli, puis tâche à faire un saut
   Contre son bienfaiteur, son sauveur et son père.

————————

   1. *Manant :* paysan; **2.** *Héritage :* domaine; **3.** Rendu immobile, paralysé (inversion); **4.** *Loyer :* salaire; **5.** *L'âme :* la vie.

———————— **QUESTIONS** ————————

■ Sur l'ensemble de la fable x. — Étudiez : le rythme de cette fable (coupes, rejets, changements de mètre); les contrastes obtenus et leur valeur expressive.

— Le sens et la portée de la fable : à partir de quel moment le lièvre est-il blâmable? Quel trait de caractère se révèle dans son refus de partir en même temps que la tortue?

Fable XIII : **le Villageois et le Serpent.**

● Vers 1-12. Comment le portrait du manant est-il mis en relief (vers 2)? Que suggère le rapprochement des deux termes? — De quoi est fait le naturel de ce début (vers 3-5)? — Pourquoi La Fontaine insiste-t-il tant (vers 6-7)? — Montrez l'intérêt des vers 9-12 pour la suite du récit. Étudiez mètres et rythme de tout le passage.

« Ingrat, dit le Manant, voilà donc mon salaire !

Tu mourras ! » A ces mots, plein d'un juste courroux,
20 Il vous prend sa cognée, il vous tranche la bête ;

Il fait trois serpents de deux coups,

Un tronçon, la queue et la tête.

L'insecte¹, sautillant, cherche à se réunir ;

Mais il ne put y parvenir.

25   Il est bon d'être charitable :

Mais envers qui ? c'est là le point².

Quant aux ingrats, il n'en est point

Qui ne meure enfin³ misérable.

XIV. — LE LION MALADE ET LE RENARD

De par⁴ le Roi des animaux,

Qui dans son antre était malade,

Fut fait savoir à ses vassaux

------

1. *Insecte :* nom donné, selon Furetière, aux animaux qui vivent après avoir été coupés en morceaux, comme les lézards et les serpents ; **2.** *Le point :* la difficulté ; **3.** *Enfin :* à la fin ; **4.** *De par :* au nom de (archaïsme).

━━━━━━ **QUESTIONS** ━━━━━━

● Vers 13-24. Montrez, par l'étude des vers 13-17, le talent d'observation du poète. — Comment est peinte la colère du paysan ? Est-elle justifiée ? — Le vers 23 : que suggère le rythme ? Quel parti le poète tire-t-il de certaines croyances communes à son époque ?

● Vers 25-28. Comment jugez-vous la morale ? Marquez les deux points de celle-ci. Quel lien y a-t-il entre eux ?

■ Sur l'ensemble de la fable XIII. — Comparez cette fable avec l'*Homme et la Couleuvre* (X, II) : personnages, thèmes, morale.
— L'art de suggérer dans cette pièce : comment La Fontaine utilise-t-il ici les idées communes de son temps sur la vie, les mœurs, les instincts des serpents ?

Fable XIV : le Lion malade et le Renard.

Source : *le Lion vieilli et le Renard.* — Un lion devenu vieux, et dès lors incapable de se procurer de la nourriture par la force, jugea qu'il fallait le faire par adresse. Il se rendit donc dans une caverne et s'y coucha, contrefaisant le malade ; et ainsi, quand les animaux vinrent le visiter, il les saisit et les dévora. Or beaucoup avaient déjà péri, quand le renard, ayant deviné son artifice, se présenta et, s'arrêtant à distance de la caverne, s'informa comment il allait. « Mal », dit le lion, qui lui demanda pourquoi il n'entrait pas. « Moi, dit le renard, je serais entré, si je ne voyais beaucoup de traces d'animaux qui entrent, mais d'animal qui sorte, aucun. » Ainsi les hommes judicieux prévoient à certains indices les dangers, et les évitent (Ésope, dans Nevelet, p. 199).

Que chaque espèce en ambassade[1]
5   Envoyât gens le visiter,
Sous promesse de bien traiter
Les députés, eux et leur suite,
Foi de Lion, très bien écrite :
Bon passeport contre la dent,
10   Contre la griffe tout autant.
L'édit du Prince s'exécute :
De chaque espèce on lui députe[2].
Les Renards gardant la maison,
Un d'eux en dit cette raison :
15   « Les pas empreints sur la poussière
Par ceux qui s'en vont faire au malade leur cour,
Tous, sans exception, regardent sa tanière;
Pas un ne marque de retour :
Cela nous met en défiance.
20   Que Sa Majesté nous dispense :
Grand merci de son passeport.
Je le crois bon : mais dans cet antre
Je vois fort bien comme l'on entre,
Et ne vois pas comme on en sort. »

---

1. Envoyât en ambassade (inversion); 2. *Députer :* verbe employé absolument, de même que *dispenser* (vers 20).

──────── QUESTIONS ────────

● Vers 1-12. Montrez qu'il s'agit (vers 1-8) de la parodie d'un édit royal; étudiez les mots et les tournures, relevez les archaïsmes. — Comment le fabuliste traduit-il les sentiments des sujets du lion?

● Vers 13-24. Pourquoi le poète utilise-t-il l'alexandrin aux vers 16-17? — Cette fable ne contient-elle pas une satire? Ne vise-t-elle que le Prince? Quel sens faut-il donner aux deux derniers vers? Faut-il y voir l'expérience personnelle de La Fontaine?

■ Sur l'ensemble de la fable XIV. — Comment dans cette fable le lion et le renard restent-ils conformes aux traits de caractère que leur prête généralement La Fontaine?

— Quelles résonances contemporaines les courtisans de Louis XIV pouvaient-ils trouver dans cette fable?

— La malice et la parodie dans ce texte.

XVI. — LE CHEVAL ET L'ÂNE

En ce monde il se faut l'un l'autre secourir :
      Si ton voisin[1] vient à mourir,
      C'est sur toi que le fardeau tombe.

Un Âne accompagnait un Cheval peu courtois[2],
5 Celui-ci ne portant que son simple harnois,
      Et le pauvre baudet si chargé qu'il succombe.
Il pria le cheval de l'aider quelque peu ;
Autrement il mourrait devant qu'[3]être à la ville.
« La prière, dit-il, n'en est pas incivile :
10 Moitié de ce fardeau ne vous sera que jeu. »
Le cheval refusa, fit une pétarade ;
Tant qu'[4]il vit sous le faix mourir son camarade,
      Et reconnut qu'il avait tort.
      Du baudet en cette aventure
15   On lui fit porter la voiture[5]
      Et la peau par-dessus encor.

---

1. *Voisin*, employé ici pour des animaux de trait, prend la valeur de « camarade » ; 2. *Courtois* : civil, poli (Prononcer *-oué* pour la rime avec *harnois*, écrit suivant l'ancienne orthographe.) ; 3. *Devant que* : avant de ; 4. *Tant que* : si bien que ; 5. *Voiture* : chargement d'une charrette ou d'une bête.

━━━━━━ **QUESTIONS** ━━━━━━

Fable XVI : le Cheval et l'Âne.

Source : *le Cheval et l'Âne*. — Un homme avait un cheval et un âne. Un jour qu'ils étaient en route, l'âne, pendant le trajet, dit au cheval : « Prends une partie de ma charge, si tu tiens à ma vie. » Le cheval fit la sourde oreille, et l'âne tomba, épuisé de fatigue, et mourut. Alors le maître chargea tout sur le cheval, même la peau de l'âne. Et le cheval dit en soupirant : « Ah ! je n'ai pas de chance ; que m'est-il arrivé là, hélas ! Pour n'avoir pas voulu me charger d'un léger fardeau, voilà que je porte tout, avec la peau en plus. » Cette fable montre que, si les grands font cause commune avec les petits, les uns et les autres assureront ainsi leur vie (Ésope, dans Nevelet, p. 188).

● Vers 1-3. La morale exprimée ici est-elle généreuse ? Est-elle condamnable ou simplement réaliste ?

● Vers 4-16. Étudiez l'art de présenter la scène et les personnages (vers 4-6). — Quelle progression dramatique est créée par le passage du récit au style indirect, puis au style direct (vers 5-10) ? — Quel effet produit le dernier vers ?

■ Sur l'ensemble de la fable XVI. — Montrez que les deux animaux sont bien choisis pour illustrer cette morale. Comment leur attitude et leur langage traduisent-ils un caractère qui est lié à leur condition ?

— Étudiez les procédés de composition destinés à donner à cette courte fable sa force dramatique.

XVIII. — LE CHARTIER EMBOURBÉ

Le Phaéton[1] d'une voiture à foin
Vit son char embourbé. Le pauvre homme était loin
De tout humain secours; c'était à la campagne,
Près d'un certain canton[2] de la basse Bretagne
5   Appelé Quimper-Corentin[3].
        On sait assez que le Destin
Adresse[4] là les gens quand il veut qu'on enrage.
        Dieu nous préserve du voyage!
Pour venir au Chartier[5] embourbé dans ces lieux,
10 Le voilà qui déteste[6] et jure de son mieux,
        Pestant, en sa fureur extrême,
Tantôt contre les trous, puis contre ses chevaux,
        Contre son char, contre lui-même.
Il invoque à la fin le dieu dont les travaux
15   Sont si célèbres dans le monde :
« Hercule, lui dit-il, aide-moi; si ton dos
        A porté la machine ronde[7],

---

1. *Phaéton* : fils du Soleil, qui conduisit, pour son malheur, le char de son père. Nom commun, le mot désigne un cocher, un charretier; 2. *Canton* : endroit écarté; 3. *Quimper-Corentin* : ville d'accès difficile en raison du mauvais état des routes de Bretagne et lieu d'exil; 4. *Adresser* : diriger. *On reprend les gens*; 5. *Chartier* : ancienne orthographe de *charretier*; le mot se prononce en deux syllabes; 6. *Détester* : prononcer des imprécations; 7. Hercule porta le ciel sur son dos pendant qu'Atlas allait cueillir pour lui les pommes du jardin des Hespérides.

QUESTIONS

Fable XVIII : le Chartier embourbé.

SOURCE : *le Bouvier et Hercule*. — Un bouvier menait un chariot vers un village. Le chariot étant tombé dans un ravin profond, au lieu d'aider à l'en sortir, le bouvier restait là sans rien faire, invoquant parmi tous les dieux le seul Hercule, qu'il honorait particulièrement. Hercule lui apparut et lui dit : « Mets la main aux roues, aiguillonne tes bœufs et n'invoque les dieux qu'en faisant toi-même un effort : autrement, tu les invoqueras en vain » (Ésope; absent de Nevelet).

● VERS 1-8. Caractérisez le ton de ce début : par quels moyens La Fontaine arrive-t-il à donner une telle impression de vie et de naturel au récit? — L'allusion mythologique du vers 1 s'harmonise-t-elle avec la familiarité des vers suivants? — Est-il courant que La Fontaine situe d'une manière aussi précise le lieu de l'action (vers 3-6)? Quelle résonance une telle allusion pouvait-elle avoir pour les contemporains de La Fontaine? Garde-t-elle encore quelque saveur pour nous?

Ton bras peut me tirer d'ici. »
Sa prière étant faite, il entend dans la nue
20   Une voix qui lui parle ainsi :
       « Hercule veut qu'on se remue,
Puis il aide les gens. Regarde d'où provient
       L'achoppement[1] qui te retient;
       Ote d'autour de chaque roue
25 Ce malheureux mortier, cette maudite boue
      Qui jusqu'à l'essieu les enduit;
Prends ton pic et me romps ce caillou qui te nuit;
Comble-moi cette ornière. As-tu fait? — Oui, dit l'homme.
  — Or bien je vas[2] t'aider, dit la voix; prends ton fouet.
30 — Je l'ai pris. Qu'est ceci? mon char marche à souhait!
Hercule en soit loué! » Lors la voix : « Tu vois comme
Tes chevaux aisément se sont tirés de là.
      Aide-toi, le Ciel t'aidera. »

XXI. — LA JEUNE VEUVE

La perte d'un époux ne va point sans soupirs :
On fait beaucoup de bruit, et puis on se console.
Sur les ailes du Temps la tristesse s'envole :
     Le Temps ramène les plaisirs.

---

  1. *Achoppement* : obstacle; **2.** *Vas* : forme concurrente de *vais* et également correcte au XVIIᵉ siècle.

━━━━━━━━ **QUESTIONS** ━━━━━━━━

● Vers 9-18. Étudiez l'art de peindre la colère dans sa progression (emploi des mètres, rythme, sonorités); montrez aussi la vérité psychologique du passage. — Pourquoi désigner d'abord Hercule par la périphrase des vers 14-15? N'est-il pas ici le « saint » à implorer?
● Vers 19-30. Le ton du dieu : est-ce une intervention de ce genre qu'attendait le charretier? — L'art d'utiliser le dialogue pour faire progresser l'action : avons-nous besoin de récit pour voir ce qui se passe? Montrez que le dialogue constitue toute l'action.
● Vers 30-33. La Fontaine, contrairement à ses modèles, fait repartir le charretier. Ce détail est-il important pour la moralité?
■ Sur l'ensemble de la fable xviii. — A quoi tient la vivacité de cette fable? Montrez que le ton désinvolte du début laisse place à un récit dont la progression est de plus en plus dense.
— L'emploi de la mythologie dans cette fable crée-t-il un effet burlesque?
— La morale de l'effort qui se dégage de cette fable se retrouve-t-elle en d'autres fables du premier recueil?

5   Entre la veuve d'une année
       Et la veuve d'une journée
   La différence est grande : on ne croirait jamais
       Que ce fût la même personne.
   L'une fait fuir les gens, et l'autre a mille attraits :
10 Aux soupirs vrais ou faux celle-là s'abandonne;
   C'est toujours même note et pareil entretien.
       On dit qu'on est inconsolable :
       On le dit; mais il n'en est rien,
       Comme on verra par cette fable,
15   Ou plutôt par la vérité.

       L'époux d'une jeune beauté
   Partait pour l'autre monde. A ses côtés sa femme
   Lui criait : « Attends-moi, je te suis; et mon âme,
   Aussi bien que la tienne, est prête à s'envoler. »
20   Le mari fit seul le voyage.
   La belle avait un père, homme prudent et sage;
       Il laissa le torrent couler.
       A la fin, pour la consoler :
   « Ma fille, lui dit-il, c'est trop verser de larmes :
25 Qu'a besoin le défunt que vous noyiez vos charmes?

──────── **QUESTIONS** ────────

Fable XXI : **la Jeune Veuve.**

SOURCE : *la Femme pleurant son mari mort, tandis que son Père la console.* —
Une femme encore jeune, dont le mari rendait le dernier soupir, était consolée
par son père. « Ne t'afflige pas outre mesure, disait-il, ma fille. Je t'ai trouvé
un autre époux beaucoup plus beau que celui-ci et qui adoucira aisément le
regret du premier. » Mais la jeune femme, incapable de supporter la douleur,
tant elle entourait son mari d'un ardent amour, non seulement n'admettait
pas les paroles de son père, mais blâmait cette allusion déplacée à un autre
mari. Cependant, dès qu'elle vit mort son époux, elle demanda à son père,
au milieu de ses larmes et de son deuil, s'il était là, le jeune homme qu'il avait
annoncé l'intention de lui donner en mariage. La fable montre combien l'amour
d'un mari défunt s'efface vite de l'âme d'une femme (Abstémius, dans Nevelet,
p. 540).

● VERS 1-15. Montrez l'union d'une observation psychologique très fine
et d'un badinage souriant, mais désabusé. — Soulignez le jeu des antithèses qui permet au poète de préciser peu à peu les vrais sentiments
d'une veuve. — Quelle critique La Fontaine adresse-t-il aux veuves et
aux femmes en général (particulièrement aux vers 9-10)? Dans quelle
tradition se retrouve-t-il ainsi?

● VERS 16-20. Montrez la profondeur du désespoir de la jeune femme
tel qu'il est marqué aux vers 18-19. A quoi voit-on cependant que la
jeune femme se fait peut-être illusion elle-même sur ses propres sentiments? Qu'ajoute le vers 20 (soulignez l'importance du choix du mètre)?

LA JEUNE VEUVE
Illustration de J.-B. Oudry (1686-1755).

Puisqu'il est des vivants, ne songez plus aux morts.
      Je ne dis pas que tout à l'heure[1]
      Une condition meilleure
      Change en des noces transports[2];
30 Mais après certain temps, souffrez qu'on vous propose
Un époux beau, bien fait, jeune, et tout autre chose
      Que le défunt. — Ah! dit-elle aussitôt,
      Un cloître est l'époux qu'il me faut. »
Le père lui laissa digérer sa disgrâce[3].
35   Un mois de la sorte se passe;
L'autre mois on l'emploie à changer tous les jours
Quelque chose à l'habit, au linge, à la coiffure :
      Le deuil enfin sert de parure,
      En attendant d'autres atours.
40   Toute la bande des Amours
Revient au colombier : les jeux, les ris, la danse
      Ont aussi leur tour à la fin;
      On se plonge soir et matin
      Dans la fontaine de Jouvence[4].
45 Le père ne craint plus ce défunt tant chéri;
Mais comme il ne parlait de rien à notre belle :
      « Où donc est le jeune mari
      Que vous m'avez promis? » dit-elle.

---

1. Je ne prétends pas qu'aussitôt; 2. *Transports :* violents mouvements de l'âme, causés ici par la douleur; 3. *Disgrâce :* malheur; *digérer* appartient au style soutenu; 4. La *fontaine de Jouvence* était censée rajeunir ceux qui s'y baignaient; ici, il s'agit moins de la jeunesse que des joies qui l'accompagnent.

--- **QUESTIONS** ---

● Vers 21-35. Comment se marquent la sagesse réaliste et l'expérience du père? La profondeur et la beauté du vers 26. — Qu'a de passionné la réponse des vers 32-33? Est-ce l'amour ou l'amour-propre qui dicte une réaction si vive?

● Vers 36-48. L'appel de la vie et de la jeunesse : rythme, vocabulaire, la grâce de l'évocation. Montrez la progression qui aboutit au trait final. — Le vers 48 : quelle ultime réticence marque-t-il? L'originalité hardie de ce procédé du point de vue poétique; valeur du renvoi à la rime *dit-elle* sur le plan comique.

■ Sur l'ensemble de la fable XXI. — Montrez comment la délicatesse et le tact de La Fontaine ont permis à celui-ci de traiter dans ce sens un tel sujet. Quels risques devait-il éviter?

— Composition de cette fable; sa progression jusqu'au mot de la fin.

— S'agit-il d'une fable légère ou d'un conte léger?

ÉPILOGUE

Bornons ici cette carrière :
Les longs ouvrages me font peur.
Loin d'épuiser une matière,
On n'en doit prendre que la fleur.
5   Il s'en va temps[1] que je reprenne
Un peu de forces et d'haleine,
Pour fournir à[2] d'autres projets[3].
Amour, ce tyran de ma vie,
Veut que je change de sujets :
10   Il faut contenter son envie.
Retournons à Psyché. Damon[4], vous m'exhortez
A peindre ses malheurs et ses félicités,
    J'y consens; peut-être ma veine
    En sa faveur s'échauffera.
15 Heureux si ce travail est la dernière peine
    Que son époux[5] me causera!

---

1. Il est temps; 2. Mener à bien; 3. La Fontaine publiera *Psyché* en 1669;
4. *Damon :* personnage difficile à identifier; 5. L'Amour, époux de Psyché (voir
vers 8).

QUESTIONS

■ SUR L'ÉPILOGUE. Expliquez le précepte donné par les vers 3-4 : ne
vous paraît-il pas correspondre profondément au tempérament du
poète? Ne l'a-t-il pas appliqué dans chacune de ses fables, prise en
particulier?

JUGEMENTS SUR LES FABLES
DES LIVRES I A VI

Jugements contemporains de La Fontaine

D'une manière générale, les jugements des contemporains attestent le succès des Fables. Tous les témoignages prouvent qu'elles satisfont le bon goût, auquel on se réfère toujours alors pour apprécier les œuvres.

Furetière, qui n'était pas encore l'ennemi du poète, avait composé des Fables en 1671. Dans sa Préface, il fait l'éloge de La Fontaine :

Il n'y a personne qui ait fait tant d'honneur aux fables ésopiques que M. de La Fontaine par la nouvelle et excellente traduction qu'il en a faite, dont le style naïf et marotique est tout à fait inimitable et ajoute de grandes beautés aux originaux [...]. Encore y en a-t-il beaucoup qui languiraient, s'il n'en avait relevé le sujet par la beauté de son style et ses heureuses expressions.

Antoine Furetière,
Préface des *Fables* (1671).

Ce sont les fables de Furetière qui font dire à Bayle :

A propos de fables, je vous dirai que M. L'abbé Furetière en a donné au public deux petits tomes de son invention, en vers, mais qui n'approchent pas des grâces et de la facilité qui paraît en celles de La Fontaine.

Bayle,
Lettre à son frère aîné (31 juillet 1673).

Les seules restrictions viennent précisément de ceux qui croient découvrir en La Fontaine des artifices inacceptables pour la délicatesse de leur goût. Comme Mme de Grignan lui paraît manquer d'enthousiasme, Mme de Sévigné lui répond :

Si je vous avais lu les *Fables* de La Fontaine, je vous réponds que vous les trouveriez jolies. Je n'y trouve point ce que vous appelez forcé.

Mme de Sévigné,
Lettre à Mme de Grignan (7 juin 1671).

Un manuscrit anonyme accentue un reproche du même genre :

Il fait parler les bêtes trop gravement, quelquefois même il paraît enflé.

L'art de La Fontaine

A partir du XVIIIᵉ siècle, critiques et écrivains cherchent à découvrir comment La Fontaine est arrivé à donner tant de simplicité, d'aisance à ses fables; à l'analyse, certains d'entre eux constatent que les moyens employés par le fabuliste sont parfois contraires à leurs propres conceptions du style, mais tous reconnaissent que l'impression d'ensemble dégage un charme inimitable.

Il serait superflu de s'arrêter à louer l'harmonie variée et légère de ses vers; la grâce, le tour, l'élégance, les charmes naïfs de son style et de son badinage. Je remarquerai seulement que le bon sens et la simplicité sont les caractères dominants de ses écrits. Il est bon d'opposer un tel exemple à ceux qui cherchent la grâce et le brillant hors de la raison et de la nature. La simplicité de La Fontaine donne de la grâce à son bon sens, et son bon sens rend sa simplicité piquante : de sorte que le brillant de ses ouvrages naît peut-être essentiellement de ces deux sources réunies.

Vauvenargues,
Réflexions critiques sur quelques poètes (1746).

La Fontaine, bien moins châtié dans son style [que les grands écrivains du XVIIᵉ siècle], bien moins correct dans son langage, mais unique dans sa naïveté et dans les grâces qui lui sont propres, se mit, par les choses les plus simples, presque à côté de ces hommes sublimes.

Voltaire,
le Siècle de Louis XIV (chap. XXXII) [1751].

Examinez les peintures où il a mis le plus de poésie; vous n'y trouverez pas un trait que l'art se soit permis comme pur ornement de luxe. L'esprit, le génie y étincelle, sans qu'une seule fois on le soupçonne d'avoir voulu briller. Ce qu'il a dit, il fallait le dire; et pour le dire le mieux possible et le plus naturellement, il fallait le dire comme il l'a dit, quoiqu'il soit dans l'expression le plus hardi de nos poètes. Assurément, cet art de dissimuler l'art n'était pas connu des anciens.

Marmontel,
Éléments de littérature : Essai sur le goût (1787).

La critique du XXᵉ siècle étudie de plus près le vocabulaire, le style, la versification de La Fontaine, mais il est à remarquer que tout jugement reconnaît que l'analyse ne suffit pas à expliquer ce qui reste toujours insaisissable dans le charme du fabuliste.

Anatole France insiste surtout sur la perfection de la langue employée par le fabuliste :

La Fontaine, qui employa tant de mots, n'en inventa guère; il est à remarquer que les bons écrivains sont généralement fort sobres de néologismes. Le fonds commun du langage leur suffit. C'est un fonds que ceux qui écrivent ne remuent pas aussi bien les uns que les autres. Faute de travail ou de génie, beaucoup n'y trouvent pas ce qu'il leur faut. La Fontaine en tira des trésors.

Anatole France,
Articles sur la langue de La Fontaine,
recueillis dans le *Génie latin* (1913).

C'est encore un jugement esthétique et technique que porte Ferdinand Gohin :

Il reste beaucoup à dire sur la versification de La Fontaine [...]. Est-il possible de découvrir tous les secrets d'un art si riche et si mystérieux dans ses applications variées ? Du moins, il est possible de reconnaître quelle est l'originalité du poète dans cette admirable création et de retrouver là comme ailleurs les mêmes qualités d'art pittoresque et de vérité. Car La Fontaine ne peint pas seulement par le choix des détails ou par la composition ; il peint aussi par le choix et la combinaison des mesures et des vers, par l'harmonie, surtout par le mouvement des rythmes qui suit les contours de la réalité et se règle sur le mouvement même des sentiments.

Ferdinand Gohin,
l'Art de La Fontaine dans ses fables (1929).

André Gide souligne la discrétion toute classique de La Fontaine :

La perfection de La Fontaine est plus subtile mais non moins exigeante que celle de Racine ; elle étend sur moins d'espace une apparence plus négligée, mais il n'est que d'y prêter attention suffisante : la touche est si discrète qu'elle pourrait passer inaperçue. Rien n'est plus loin de l'insistance romantique. Il passe outre aussitôt ; et si vous n'avez pas compris, tant pis. On ne saurait rêver d'art plus discret, d'apparence moins volontaire. C'est au point que l'on doute si l'on n'y ajoute point parfois, si La Fontaine est bien conscient lui-même, dans quelques vers ou quelques mots, de toute l'émotion qui s'y glisse ; on sent aussi qu'il y entre de la malice et qu'il faut se prêter au jeu, sous peine de ne pas bien l'entendre ; car il ne prend rien au sérieux.

André Gide,
Journal (19 septembre 1939).

Antoine Adam souligne la diversité des fables du premier recueil :

Il atteint déjà, en 1668, à l'extrême variété sans laquelle, à ses yeux, il n'est pas de gaîté. Le récit adopte tous les tons, tous les rythmes. Tour à tour épique et familier, ironique et sensible. Tantôt impersonnel et soucieux seulement d'être net. Tantôt au contraire traversé par les réflexions du narrateur ou par l'aveu soudain d'une sympathie, par un mouvement de pitié. « Diversité, c'est ma devise », a-t-il écrit.

Antoine Adam,
Histoire de la littérature française au XVIIᵉ siècle (1954).

La morale des « *Fables* »

Les Fables *de La Fontaine avaient été très vite adoptées comme textes scolaires, sans qu'on mette en doute leur valeur pédagogique et morale. C'est seulement vers le milieu du XVIIIᵉ siècle qu'on commence à se poser la question. Sur ce point, J.-J. Rousseau a été précédé par D'Alembert :*

La Fontaine, qu'on regarde assez mal à propos comme le poète des enfants, qui ne l'entendent guère, est, à bien plus juste titre, le poète chéri des vieillards. L'esprit exige que le poète lui plaise toujours et il veut cependant des repos : c'est ce qu'il trouve dans La Fontaine, dont la négligence même a ses charmes, et d'autant plus grands que son sujet la demandait.

D'Alembert,
Réflexions sur la poésie (1753).

C'est évidemment aux Fables *du premier recueil, destinées aux enfants, que songe Jean-Jacques Rousseau, soucieux de l'éducation de son élève, dans* Émile. *Tout en reconnaissant leur intérêt pour des adultes, il déplore l'immoralité des fables :*

On fait apprendre les fables de La Fontaine à tous les enfants, et il n'y en a pas un seul qui les entende. Quand ils les entendraient, ce serait encore pis : car la morale en est tellement mêlée et si disproportionnée à leur âge, qu'elle les porterait plus au vice qu'à la vertu. Ce sont encore là, direz-vous, des paradoxes. Soit, mais voyons si ce sont des vérités.

Je dis qu'un enfant n'entend point les fables qu'on lui fait apprendre, parce que, quelque effort qu'on fasse pour les rendre simples, l'instruction qu'on en veut tirer force d'y faire des idées qu'il ne peut saisir, et que le tour même de la poésie, en les lui rendant plus faciles à retenir, les lui rend plus difficiles à concevoir, en sorte qu'on achète l'agrément aux dépens de la clarté.

(Suit une analyse, mot à mot, de la fable le Corbeau et le Renard.)

Je demande si c'est à des enfants de six ans qu'il faut apprendre qu'il y a des hommes qui flattent et qui mentent pour leur profit? On pourrait tout au plus leur apprendre qu'il y a des railleurs qui persiflent les petits garçons et se moquent en secret de leur sotte vanité; mais le fromage gâte tout, on leur apprend moins à ne pas le laisser tomber de leur bec qu'à le faire tomber du bec d'un autre.

C'est ici mon second paradoxe, et ce n'est pas le moins important.

Suivez les enfants apprenant leurs fables, et vous verrez que, quand ils sont en état d'en faire l'application, ils en font presque toujours une contraire à l'intention de l'auteur, et qu'au lieu de s'observer sur le défaut dont on les veut guérir ou préserver ils penchent à aimer le vice avec lequel on tire parti des défauts des autres. Dans la fable précédente, les enfants se moquent du corbeau, mais ils s'affectionnent tous au renard; dans la fable qui suit, vous croyez leur donner la cigale pour exemple; et point du tout, c'est la fourmi qu'ils choisissent. On n'aime point à s'humilier : ils prendront toujours le beau rôle; c'est le choix de l'amour-propre, c'est un choix très naturel. Or, quelle horrible leçon pour l'enfance! Le plus odieux de tous les monstres serait un enfant avare et dur, qui saurait ce qu'on lui demande et ce qu'il refuse. La fourmi fait plus encore, elle lui apprend à railler dans ses refus.

Dans toutes les fables où le lion est un des personnages, comme c'est d'ordinaire le plus brillant, l'enfant ne manque point de se faire lion; et quand il préside à quelque partage, bien instruit par son modèle, il a grand soin de s'emparer de tout. Mais, quand le moucheron terrasse le lion, c'est une autre affaire; alors l'enfant n'est plus lion, il est moucheron. Il apprend à tuer un jour à coups d'aiguillon ceux qu'il n'oserait attaquer de pied ferme.

Dans la fable du loup maigre et du chien gras, au lieu d'une leçon de modération qu'on prétend donner, il en prend une de licence. Je n'oublierai jamais d'avoir vu beaucoup pleurer une petite fille qu'on avait désolée avec cette fable tout en lui prêchant toujours la docilité. On eut peine à savoir la cause de ses pleurs; on la sut enfin. La pauvre enfant s'ennuyait d'être à la chaîne, elle se sentait le cou pelé; elle pleurait de n'être pas loup.

Ainsi donc la morale de la première fable citée est pour l'enfant une leçon de la plus basse flatterie; celle de la seconde, une leçon d'inhumanité; celle de la troisième, une leçon d'injustice; celle de la quatrième, une leçon de satire; celle de la cinquième, une leçon d'indépendance. Cette dernière leçon, pour être superflue à mon élève, n'en est pas plus convenable aux vôtres. Quand vous leur donnez des préceptes qui se contredisent, quel fruit espérez-vous de vos soins? Mais peut-être, à cela près, toute cette morale qui me sert d'objection contre les fables fournit-elle autant de raisons de les conserver. Il faut une morale en paroles et une en actions dans la société, et ces deux morales ne se ressemblent point. La première est dans le catéchisme où on la laisse; l'autre est dans les fables de La Fontaine pour les enfants, et dans ses contes pour les mères. Le même auteur suffit à tout.

Composons, monsieur de La Fontaine. Je promets, quant à moi, de vous lire, avec choix, de vous aimer, de m'instruire dans vos fables, car j'espère ne pas me tromper sur leur objet; mais pour mon élève, permettez que je ne lui en laisse pas étudier une seule jusqu'à ce que vous m'ayez prouvé qu'il est bon pour lui d'apprendre des choses dont il ne comprendra pas le quart; que, dans celles qu'il pourra comprendre, il ne prendra jamais le change et qu'au lieu de se corriger sur la dupe il ne se formera pas sur le fripon.

Jean-Jacques Rousseau,
Émile, livre II (1762).

Les critiques de J.-J. Rousseau, malgré les graves problèmes qu'elles posent, n'ont cependant pas réussi à écarter les Fables des programmes scolaires. Lamartine sera un des rares écrivains à reprendre à son compte les mêmes reproches que J.-J. Rousseau; leur immoralité choque la sensibilité d'un cœur à la recherche du « bien idéal » :

Ces histoires d'animaux qui parlent, qui se font des leçons, qui se moquent les uns des autres, qui sont égoïstes, railleurs, avares, sans pitié, sans amitié, plus méchants que nous, me soulevaient le cœur. Les *Fables* de La Fontaine sont plutôt la philosophie dure, froide et égoïste du vieillard, que la philosophie aimante, généreuse, naïve et bonne d'un enfant.

Il y joint les griefs d'un poète qui a de l'harmonie une conception opposée à celle du fabuliste :

On me faisait bien apprendre par cœur quelques fables de La Fontaine; mais ces vers boiteux, disloqués, inégaux, sans symétrie, ni dans l'oreille ni sur la page, me rebutaient.

Lamartine,
Préface des *Premières Méditations* (édition de 1849).

Le critique Vinet revient, à son tour, sur l'enseignement moral des Fables, sur lequel il fait de nombreuses réserves :

Dans la morale de La Fontaine, l'élément vraiment moral, le sentiment du devoir est précisément ce qui fait défaut. Les fables qui composent la majeure partie de son recueil, et où l'intention satirique est moins prononcée, offrent des directions pour la conduite de la vie; mais ce n'est pas la vertu, c'est la prudence qu'elles enseignent.

Alexandre Vinet,
Poètes du siècle de Louis XIV (1861).

En fait, il n'était sans doute pas dans l'intention de La Fontaine de prêcher une morale, et on pourrait même découvrir certaines contradictions d'une fable à l'autre, si l'on voulait y chercher des préceptes. Ce que n'ont pas vu Rousseau et ses imitateurs, c'est que les enfants découvrent dans La Fontaine beaucoup plus un univers poétique, qui sourit à leur imagination, qu'un code moral.

La Fontaine, génie national

Pourquoi La Fontaine, dont l'art est si subtil, est-il cependant si populaire, si accessible à toutes les générations depuis trois siècles? C'est au XIXe siècle que naît cette idée que La Fontaine est un génie « bien français », et que son prestige est lié à des formes d'esprit profondément enracinées dans la nation. Et on l'associe assez souvent à Molière. Cette idée se précise à mesure qu'on avance dans le siècle.

Stendhal note dans son journal son admiration :

Je suis étonné du talent de La Fontaine pour peindre. La Fontaine et Pascal, voilà les deux hommes qui m'ont jamais inspiré le plus d'amour.

Stendhal,
Journal (10 mai 1804).

L'enthousiasme de Chateaubriand pour La Fontaine s'exprime sans arrière-pensée, dans cette lettre :

La Fontaine et Molière sont mes dieux. Les fables de Jean sont de deux espèces : les unes offrent la comédie de mœurs des animaux. Le Lion, l'Ours, le Loup, le Renard, l'Ane, le Cheval, le Chat, le Coq, le Hibou, le Rat, etc., sont des personnages vivants peints d'après nature et peints bien autrement que par des naturalistes. Les autres fables sont ce que j'appelle les grandes fables; dans *le Chêne et le Roseau,* dans *l'Homme et la Couleuvre,* dans *le Vieillard et les Trois Jeunes Hommes,* il s'élève à la plus haute poésie et rivalise avec les plus grands poètes anciens et modernes. Je ne puis finir quand je parle de Jean. Sa réputation, certes, est immense et populaire; eh bien! je soutiens qu'on ne le connaît pas encore et que peu d'hommes savent ce qu'il vaut.

Chateaubriand,
Lettre à M. Feuillet de Conches (29 septembre 1836).

À un moment où des historiens, comme Michelet, cherchent à définir les caractères profonds et permanents de l'âme française, La Mennais complète l'idée qui s'ébauchait chez Stendhal et chez Chateaubriand :

La France, à cette époque, produisait un poète auquel les autres nations, soit anciennes, soit modernes, n'en ont aucun à comparer; nous parlons de La Fontaine, cette fleur des Gaules qui, dans l'arrière-saison, semble avoir recueilli tous les parfums du sol natal. Ailleurs, il eût langui sans se développer jamais. Il lui fallait pour s'épanouir l'air et le soleil de la terre féconde où naquirent Joinville, Marot et Rabelais. Par la correction, par la pureté de la forme, il appartient au siècle poli dont il reçut l'influence directe; par l'esprit, la pensée, il procède des siècles antérieurs, et en cela Molière se rapproche de lui.

La Mennais,
Esquisse d'une philosophie, IX, II (1840).

SUJETS DE DEVOIRS ET D'EXPOSÉS

● Le rôle de la nature dans les fables du premier recueil : elle n'est pas seulement un décor, elle est aussi chantée pour elle-même; montrez-le.

● La Fontaine et les puissants dans les fables du premier recueil.

● « La poésie veut quelque chose d'énorme, de barbare et de sauvage », écrit Diderot. Trouvez-vous ces éléments chez La Fontaine? La poésie est-elle pour autant absente de ses fables?

● « Il ne savait point voir les choses positives, et personne plus que lui n'a vécu dans un monde imaginaire où les sentiments tiennent plus de place que les faits » (P. de Rémusat, *la Revue des Deux Mondes,* 1er décembre 1869). Expliquez ce jugement. Vous paraît-il satisfaisant?

● « En se jetant dans le monde de nature et de fantaisie des animaux qui prêtent leur figure aux hommes, le poète est entré par dessein dans le jardin d'un enchantement où l'imagination et la raison s'épousent et où la vérité se dit par symboles » (P.-H. Simon, *le Monde,* 20 février 1963). Expliquez et jugez cette opinion.

● « Le coup de génie de La Fontaine fut d'avoir porté à la température de sublimation poétique le métal grossier de la fable, et d'y atteindre à une pureté de diction et à une perfection de naturel qui donnent à son œuvre la splendeur de l'intemporalité » (P.-H. Simon, *le Monde,* 20 février 1963). Commentez ce jugement.

● Comment expliquer que les fables de La Fontaine, tout en appartenant à leur temps, gardent encore pour nous leur actualité?

● Montrez, en vous appuyant sur des exemples précis, que La Fontaine est, comme ses grands contemporains, un fin connaisseur de la complexité des caractères.

● Lamartine écrivait dans la Préface de ses *Méditations* (édition de 1849) : « Ces histoires d'animaux qui parlent, qui se font des leçons, qui se moquent les uns des autres, qui sont égoïstes, railleurs, avares, sans pitié, sans amitié, plus méchants que nous, me soulevaient le cœur. Les *Fables* de La Fontaine sont plutôt la philosophie dure, froide et égoïste du vieillard, que la philosophie aimante, généreuse, naïve et bonne d'un enfant. » Expliquez ce jugement en essayant de voir ce qui le motive. Dites si vous l'approuvez. Réfutez-le si vous n'êtes pas d'accord avec lui.

● Sainte-Beuve félicite La Fontaine « d'avoir donné à ses tableaux des couleurs fidèles qui sentent pour ainsi dire le pays et le terroir ». Étudiez cet aspect de la réalité chez La Fontaine.

● « Je n'appelle pas gaieté ce qui excite le rire; mais un certain charme, un air agréable qu'on peut donner à toutes sortes de sujets, même les plus sérieux » (La Fontaine, Préface, 1668). Cette formule n'explique-t-elle pas le plaisir que nous procure la lecture des fables ?

● Imaginez qu'après avoir lu *l'Art poétique* de Boileau un admirateur de La Fontaine écrit à Boileau afin de lui demander pourquoi il n'y est pas fait mention des fables. Il donne les raisons qui lui font voir en La Fontaine un grand poète, un peintre, un amateur de naturel, conformément aux grandes règles énoncées par Boileau lui-même.

● « La Fontaine bon garçon, fort sage, fort modeste », telle est la formule inscrite sur un livre qui a pu appartenir au poète. Les fables ne pourraient-elles prouver la vérité de cette formule ?

● Peut-on, à l'aide du premier recueil, faire un portrait moral du poète ?

● « Le secret d'ennuyer », a dit Voltaire, « est celui de tout dire ». Montrez, à l'aide d'exemples précis choisis dans les fables, que La Fontaine ignore le secret d'ennuyer et qu'il suggère plus qu'il ne dit.

TABLE ALPHABÉTIQUE DES FABLES

contenues dans les deux volumes

TABLE DES MATIÈRES

Imp. LAROUSSE, 1 à 9, rue d'Arcueil, Montrouge (Hauts-de-Seine).
Avril 1965. — Dépôt légal 1965-2e. — No 3772. — No de série Editeur 3890.
IMPRIMÉ EN FRANCE (*Printed in France*). — 34 926 E-11-67.

les dictionnaires Larousse
sont constamment tenus à jour :

en un volume
PETIT LAROUSSE
Une netteté incomparable (imprimé en offset). Les mots les plus récents ; toutes les définitions renouvelées. Des renseignements encyclopédiques rigoureusement à jour aussi bien dans la partie « vocabulaire » que dans la partie « noms propres ».
1 808 pages (14,5 × 21 cm), 5 130 ill. et 114 cartes en noir, 48 h.-t. en couleurs, atlas de 24 pages.

Existe également en édition de luxe, papier bible, reliure pleine peau.

LAROUSSE CLASSIQUE
Le dictionnaire du baccalauréat, de la 6ᵉ à l'examen : sens moderne et classique des mots, tableaux de révision, cartes historiques, etc.
1 290 pages (14 × 20 cm), 53 tableaux historiques, 153 planches en noir, 48 h.-t. et 64 cartes en noir et en couleurs.

DICTIONNAIRE
DU VOCABULAIRE ESSENTIEL
par G. Matoré, directeur des Cours de Civilisation française à la Sorbonne. Les 5 000 mots fondamentaux de la langue française, définis à l'aide de ce même vocabulaire, avec de nombreux exemples d'application. 360 pages (13 × 18 cm), 230 illustrations.

en trois volumes (23 × 30 cm)
LAROUSSE 3 VOLUMES EN COULEURS
retenu parmi les « 50 meilleurs livres de l'année ».
Le premier grand dictionnaire encyclopédique illustré en 4 couleurs à chaque page, qui fera date par la nouveauté de sa conception. Reliure verte ou rouge au choix, 3 300 pages, 400 tableaux, 400 cartes.

en dix volumes (21 × 27 cm)
GRAND LAROUSSE ENCYCLOPÉDIQUE
Dans l'ordre alphabétique, toute la langue française, toutes les connaissances humaines. 10 240 pages, 450 000 acceptions, 32 516 illustrations et cartes en noir, 314 hors-texte en couleurs.